男子厨房に入るべし

料理を始めると劇的に人生が変わります

南　清貴

ワニブックス
|PLUS|新書

はじめに

世界にはさまざまな民族がいて、それぞれに最適（オプティマル）な食べ方のスタイル――あるいはフォーム、型――というべきものがありました。そうしたスタイルを持たない民族もいたのかもしれませんが、ひょっとしたらそのことが理由で子孫を残すことができず、淘汰《とうた》され歴史が潰《つい》えてしまったのかもしれません。

唐突に聞こえるかもしれませんが、現代の日本はその分岐点にあり、しかも非常に危ういところに立たされています。

私たちは先祖が残してくれた食事の伝統を継承しきれていません。今まさに、伝統がなくなろうとしている狭間《はざま》に、私たちは生きているのです。

人として理想的な食事のありかたは、まず「食べたい時に・食べたいものを・食べたいだけ・食べる」ということにあります。そして、その時に食べるものは、生きていくために必要な栄養素、つまり必須栄養素と、体を守るための調整役として働く植物栄養素を過不足なく、まんべんなく摂取できるものでなければなりません。

ところが現代の日本ではそれが成立しなくなっています。そもそも私たちが食べるものが、自然から遠く離れたものになってしまっていることに、果たしてどれだけの人が気づいているでしょうか。

「食べたい」という自然な欲求が起きた時、私たちは体が欲しているものを正しく選択しているでしょうか。そもそも、そうした時に目の前に現れる選択肢は、正しいものでしょうか。ハンバーガーとカップラーメンとレトルトカレーしか選択肢がないので、その中から食べたいと思うものを選ぶ——極端な言い方をすれば、そうした毎日を送っています。

もしかしたら、蒸したさつまいもやそば粉で作ったパンケーキがあったなら、そっちを選ぶかもしれません。しかし、それらが目の前に並ぶことはないし、そもそも頭に浮かぶことさえないのかもしれません。おそらく先祖が選んでいた食べものは、数世代のうちに私たちの目の前から消えてしまい、頭の中からも消えてしまったのではないでしょうか。

それは、先祖が培ってきた豊かな選択肢、食文化が奪われてしまったということにほかなりません。奪われてしまった、と書きましたが、確かに戦後の日本はアメリカ文化の影響を大きく受け、それによって伝統が失われたという一面はあります。しかし、それだけではなく、私たち自身が自らその選択肢を捨ててしまっているという面もあるのではないでしょうか。

第二次世界大戦後の七〇数年で、失ったものはあまりにもたくさんあります。その間に、日本人は健康的で、強靭《きょうじん》で、敏捷《びんしょう》な体から、不健康な、軟弱な、鈍感な体に変化したと私は思っています。理由が多々あることは重々承知の上ですが、あえて断言します。その原因の最たるものは、食事です。現代の私たちの食事のありようは、満腹だけど栄養不足という状態だということに、そろそろ日本人は気づかなければなりません。

その結果が今、私たちが悩まされている生活習慣病や、睡眠不足や気力不足といった心身の不調として表れていると私は考えます。

二一〇〇年には日本人が絶滅危惧品種ならぬ絶滅危惧人種のトップに挙げられているのをご存じでしょうか。それは少子化が進み、人口がどんどん減っていることだけが理由ではありません。日本ではさも当たり前のことのように「死亡原因のトップはがん」

といわれていますが、世界的に見ると、そんな国はただの一つもありません。がんが多いのは日本の特徴なのです。これはなぜなのか。私にはいまの日本人が食べているものが、添加物を始めとして化学物質まみれであることが大きな要因になっているとしか思えません。

こうした厳しい状況のなか、私は、今こそ日本人は先祖が培ってきた食文化を、そして最適な健康状態を取り戻さなければならないと考えています。

そして、そのために欠かせないのは、豊かな家庭料理を取り戻すことにあります。

いま、日々の食卓は女性の手のみによって担われている家庭が多いことでしょう。しかし、豊かな食卓を取り戻すために、女性にだけその重責を背負わせておけばよいとは到底思えません。

それは、女性に力がないということでは決してありません。女性だけでは取り戻せないほど、現代の食が、本来の私たちの体が求めている食事の内容からかけ離れてしまっていることにその理由があります。

これからは、男性も食事を作るという崇高な、そして壮大な仕事に加わるべきです。

男性と女性、それぞれが得意分野を分担し、少しでも早く、本来の私たちにふさわしい、またそれぞれの家庭における理想的な食事のスタイル・型を作りあげなければなりません。

私は、代表理事を務める一般社団法人日本オーガニックレストラン協会（ＪＯＲＡ）で、二〇一四年から料理講座「オプティマル・クッキング・アカデミー」を開催しています。そこではたった一度の素晴らしい料理を作ることよりも、良質の食事を継続することこそに意味があるとして、栄養学から調理法までをお伝えしています。体験セミナーを含めると八年間で三五〇〇人以上の方が私の料理を学んでくださいました。いわゆる一般的な料理教室とは異なり、ただ料理が上手になりたい、レパートリーを増やしたいという人は少数で、現在の〝食〟に対する危機感をお持ちで、それをなんとかしたいと考えている人がほとんど、というのが特徴です。開催拠点は少ないものの、受講生自身が開いた講座に講師として招かれることも多く、私が提唱する料理法が広がっていくのを実感しています。

私の講座は、一般的な料理教室と比べて、男性受講生が多いのも特徴の一つとなっています。趣味として男の料理を学びたいのではなく、自分と家族の〝食〟を人任せにしたくないという自立心があり、しかも今まで料理の経験がなくても飛び込んでくるというチャレンジ精神豊かな方が多いという印象を持っています。そうした方々を間近で見ていると、日本はまだ大丈夫と頼もしく思ったりもします。第一章ではそうした方のエピソードをご紹介していますが、それを読めばおわかりの通り、どんな方でも一定期間学べば、必ず健康によくておいしい料理が作れるようになるのだということは強くお伝えしたいと思います。料理をしたことがない男性のなかには、「男は料理に向いていない」とか、「まったく経験がないのだからおいしいものが作れるはずがない」と尻込みする人もいるかもしれません。しかし、私の料理教室に飛び込み、人生さえ変わった方々を見れば、そうした言葉がただの思い込みだということを痛感されることでしょう。改めて強く断言しておきたいのは、「男だから料理ができないということはまったくない」ということ。だからこそ、自信を持って、家庭料理に参入してほしいと思います。

この本は、男性諸氏に厨房に入っていただきたい一心で書き上げました。しかし、だからといって男性だけに読んでほしいという内容ではありません。

本書では、これからの日本人の食事のありかたについてページを費やしました。ですから、女性の方々にもぜひ読んでいただきたいと思っています。

厳しくなる一方の日本の食料事情をふまえると、これからは家庭で食事を作ることがスタンダードにならざるを得ません。男性と女性が、妻と夫が、パートナー同士が協力関係を築き上げ、食事を賄っていかなければならないのです。そのために欠かせないのが、〝食〟に対する重要な価値観を家族で、夫婦で共有するということにほかなりません。

現在独身の方なら、ぜひ本書との出会いをチャンスにしてください。将来結婚したとしても、しなかったとしても、きちんと家庭料理が作れることはメリットでしかありません。

私たちの体は食べてきたものでできています。だからこそ、安全なものを継続的に食べていかなければなりません。男性は、それが出てくるのをテーブルで待っていればいいという時代ではないのです。ですから、この言葉を皆さんに贈りたいと思います。

男性諸氏よ、立ち上がれ。
今こそ、男子厨房に入るべし。

第三章 厨房に入って嫌がられる男たち

第一章

厨房に入って、人生が変わった男子たち

一流企業のビジネスマンに起きた人生の大転換

世界的なメーカーに勤務する三〇代の中間管理職……そう聞いただけで多忙な日々が脳裏に浮かんできます。朝早くから夜遅くまで働いて、自分の時間はほとんどない……。Aさんの日々はまさにその通り、モーレツ社員といった言葉がよく似合っていました。独り住まいのマンションにある調理器具が電気ケトルだけだったと言えば、食に無頓着な暮らしぶりがわかります。実際、当時Aさんの食生活といえば、朝は電気ケトルで沸かした湯で淹れたティーバッグの紅茶を飲んで出勤、昼は社員食堂、夜は会社の同僚や部下と連れ立って居酒屋で済ませるといったものでした。褒めるところは一つもありませんが、こうした食生活を送っている独身男性は日本中にたくさんいますし、そのなかにはコンビニ弁当やカップ麺が主になってしまうという、侘《わ》びしいというよりむしろ危険な食生活を送っている人も多いのが実態だと言われています。それに比べると社員食堂が利用できることや居酒屋とはいえ出来立ての料理を食べているだけ、Aさんはマシと言えるのかもしれません。実際、そうした食生活になんの疑問も持っていなかったと

Ａさんは述懐します。

そんなＡさんに転機が訪れたのは、ある年の正月、地方都市の実家に帰省した時のことでした。懐かしい実家でリラックスして過ごしていたＡさんですが、やることも見たいテレビ番組もないある日、退屈しのぎにたまたま茶の間にあった本を手にとって読み始めたといいます。その本こそ、拙書『真っ当な野菜、危ない野菜』（現在『じつは危ない野菜』に加筆修正・小社刊）でした。最初は寝転がって読んでいたＡさんでしたが、いつの間にか座り直して本のなかに入り込むように読んでしまったといいます。

拙書を読んで「これだ！」と天啓を得たというＡさんは正月休みが終わって自分のマンションに戻ると、すぐに私が講師を務める日本オーガニックレストラン協会（ＪＯＲＡ）の料理講座に申し込みました。とはいえ自宅マンションにあるのは電気ケトルのみ、調理器具さえありません。まずはフライパンと二口コンロ、そして包丁を購入したそうです。

「包丁は四五度で持つとものがうまく切れるし怪我もしませんよ」

「料理と同時進行で片付けるとラクですよ」

こんな初歩中の初歩からAさんにとっての料理がスタートしました。包丁を握ったこともないAさんでしたが、料理を習ううちに食生活も変わっていったといいます。それと同時にみるみるうちに顔色がよくなり、はつらつとした印象に変貌していきました。それまでが老けこんでいたというわけではないのですが、最初に会った時に比べると、若くなったようにも見えるのです。本人に聞くと体調もすこぶるよくなったのだとか。食を整えるだけでこんなに変わるとは、私自身も大きな驚きでした。

こうして基礎講座から始まった月一度のレッスンを経て二年後、Aさんの腕前は行きつけのレストランを貸し切りにし、上司を招待して手料理を振る舞う食事会を催すまでに上達したのです。

「メニューはいままで習った料理を組み合わせれば十分」だというAさんに、私はインド原産のムング豆を使った白玉ぜんざいの作り方を伝授したものです。緑豆とも呼ばれるムング豆を柔らかくゆでて和三盆と少しのしょうゆで味付けした優しい味のぜんざいは、Aさんが手際よく作った他の料理と同様、招待客に大好評だったそうです。

Aさんの変わりようを見ていると、食事とは満腹になればいいというものではないという、当たり前のことを改めて実感します。きちんとした食を自分で整えることは、自分の体や精神だけでなく、人生まで大きく変えてしまうのです。

その後のAさんはというと、なんと会社を辞めてしまいました。そして自家製無農薬の小麦を挽いて作ったうどんを提供する店で修業を始めたのです。聞けば、脱サラしてうどん屋になりたいというわけではなく、安全かつ美味を追求する店主に学びたいという一心だったと答えてくれました。拙書を読んだことがきっかけで食べることを見直し、自分で食べるものは自分で作ろうと決心し、それがAさんの生き方を大きく変えました。これからAさんの人生はさらに変貌を遂げていくのでしょう。どんな未来図を見せてくれるのか、楽しみでなりません。

酒飲みの五〇男が料理から見つけた新しい人生

お酒が好きな人にとって、退勤後の居酒屋は張り詰めていた仕事の顔からリラックスした顔に戻れる場であると同時に、夕食を済ませる場でもあります。一流メーカー勤務のBさんもその一人でした。独身ビジネスマンだったBさんは、御多分に洩れず昼は社食・夜は居酒屋という日々を送っていました。そんなある日、たまたまBさんが訪れたのが、当時私がやっていたレストランでした。のちにオーガニックレストランの草分けと言われるようになった私の店は、「自分の家族や友人たちに食べさせたくないものは出さない」というコンセプトで料理を提供していて、その味にすっかりBさんは惹きつけられてしまったのだといいます。また私の店で食事をしたいと思ったBさんでしたが、初めて店を訪れてから間もなく転勤のため東京を離れることになってしまいました。そして、数年後、Bさんが東京に戻った頃には、すでに私は飲食店業から撤退していました。かつてレストランがあった場所に別の店があるのを見て呆然としたというBさんですが、そこで諦めることなく私の名前をインターネットで検索し、そしてJORA（日本オーガニックレストラン協会）の料理講座を見つけ、すぐに受講の申し込みをしたそうです。それは、Bさんが五〇歳の時のことでした。

Bさんはそれまで時々、気が向くと自分で料理を作っていたそうですが、数カ月もしないうちにめきめきと腕をあげていきました。もともと食べることが好きだったこともありますが、なにより料理を習い始めてから弁当を作るようになったことが大きいと思います。料理に苦手意識がある人は、「才能」「センス」といった言葉を使いがちです。料理ができないのは自分にそれらがないから、というわけです。しかし、それは大きな間違いだと断言できます。プロとして毎日同じ味を作り続けたり、美しい一皿を作ったりするには長い修業の時間が必要でしょう。しかし、家庭料理はそうではありません。何度か繰り返すうちに慣れていき、おいしく食べられるものが苦もなく作れるようになっていくものです。BさんもJORAで学ぶ以前は、それほど頻繁に料理をしていたわけではありません。しかし、毎日弁当や自分の食事を作ることで料理が習慣となり、自然と上達していったのでしょう。プロ級とまでは言えないまでも、少なくとも私が受講生たちに伝える家庭料理システムは完璧に自分のものにしていました。そして、いつしか料理講座で私のサポート役を務めるほどになっていたのです。

毎日キッチンに立って料理をするようになって二年後、Bさんは会社を早期退職しました。そして、郊外に家を借り、菜園を持って、畑仕事にも精を出しています。大企業で安定した収入を得る一方で他人任せの食餌（エサ）を摂取して心と体を壊すことと、自分で素材から吟味して整えた食事をすることのどちらがいいか、じつは考えるまでもなく答えははっきりしています。ところが、多くの人はそのことに気づいていません。Bさんの選択は食の大切さに気づき、自分の食生活を見直し、もう一度食を大事にすることから始まりました。そして食を変えることで自分を変え、そして人生をも変えていったのです。一流企業を辞めてしまうなんて、と思われることもあるかもしれませんが、晴れやかな顔で充実した日々を送っているBさんを見れば、そうした気持ちはすぐに消し飛んでしまうことでしょう。

サプリメントから解放されて手に入った本当の健康

責任のあるポジションにいるのだと自覚すると、健康に対する意識が俄然高くなることがあります。とくに経営者は自分が病気になったり具合が悪くなったりすると会社自体が傾きかねないという危機感があり、そのため健康でいなくてはならないと強く思う傾向があるようです。小規模な商社を経営していたCさんもそうした一人でした。自社だけでなく取引先や下請けの従業員の生活が自分の健康にかかっているという意識を持っていたCさんは、人一倍健康に気を遣っていました。それ自体はとてもよいことです。きっかけがどんなものだったとしても、自分の体を大事にし健康を保つことは、どのような立場の人も取り組むべきだと思います。

ただ、Cさんに対して私が疑問に思ったのは、健康を保つために取り入れたのが、サプリメントやプロテインドリンクだったということ。当時結婚していたため、家では奥様が料理をしていたにもかかわらず、多忙なあまりほとんど家では食事を摂っていなかったそうです。朝は慌ただしく出かけ、昼はラーメンやそばなどでさっと済ませる、そして夕食は取引先の接待を兼ねた高級レストランや料亭で、あるいは部下たちを引き連れて居酒屋へ……。こうした食生活を続けていたら、いずれ体を壊してしまうという予感があったからこそ、Cさんはサプリメントなどに頼ったのでしょう。一日に必要なビタミンやミネラル、アミノ酸などのサプリメントがパックにされていて、あとはそれを毎日飲むだけ。健康だけでなく体型を維持するために粉末のプロテインを水に溶かし、シェイクして飲むだけ。それがCさんにとって健康を保つ秘訣でした。

しかし、そうした生活を送っていても、自分が完璧に健康だという実感は得られなかったといいます。だからこそ、知人からJORAの料理講座の話を聞いた時、「もっと健康になれるかも」と直感し、受講することになったのでした。私とCさんは、そんな風にして出会いました。

Cさんと初めて言葉を交わした時の第一印象は、微《かす》かな臭いでした。よくある口臭や体臭、そして加齢臭とも違う、なんとも言えない臭い。それは生体から発する有機的なものではなく、無機質な、いわば化学的な臭いとしか表現できませんでした。それに気づいた私は、Cさんに「ひょっとして、サプリメントを飲んでらっしゃいますか？」と聞きました。するとCさんは目を丸くして「どうしてわかったのですか⁉」と驚きの声をあげます。無理もありません、普通の人は体にいいサプリメントを摂ることで、独特の臭いを発するとは、想像もしないことでしょう。サプリメントの成分を見ると、体に必要な栄養素がギュッと凝縮されて入っていることに気づきます。しかし、この〝凝縮〟が曲者なのです。レモン一〇〇個分のビタミンCが、サンマ五〇匹分のDHAがサプリメント数粒で摂ることができると聞けば、効率よく感じるかもしれません。しかし、それは通常人間が一度に摂る栄養の量をはるかに超えているともいえるのです。しかもサプリメントに含まれているのは栄養素だけではなく、酸化防止剤や保存料、甘味料、香料といった添加物や、錠剤の成形を容易にするためや増量のために使われる賦形剤（増粘剤とも。グリセリン、デキストリン、デンプンなどが使われ、医薬品などに使用されることも多い）も含まれているのは見逃すわけにはいきません。

つまり、サプリメントを日常的に飲んでいるということは、濃すぎる栄養素とまったく必要のない添加物を体に取り込んでいるということにほかなりません。これが体内で解毒を司る肝臓に負担をかけ、独特の臭いとなって表れてしまうのです。

私の指摘にCさんは驚き、そして自分が健康のためによかれと思ってしていたことが間違っていたことに気づきました。Cさんはサプリメントやプロテインを摂るのを一切やめ、私の講座で料理を習い、自分が食べるものを自分で作るようになったのです。料理するようになると、Cさんは「毎日の食事がおいしい」と実感するようになります。それと同時に、どんどん体調がよくなっていったのも感じました。なにより頭がスッキリし、悩んだり迷ったりすることも少なくなっていったそうです。経営者として精力的に活動していた人でしたが、それまでの油やけしたような顔色がみるみるよくなり、内側からエネルギーを発散するような活力ある風貌に変わっていったのも印象的でした。

食の大切さに目覚めたCさんがその後どうなったかというと、なんと会社の経営権を人に譲り、ビジネスの世界から引退してしまいました。そして、私が伝えた料理や食に対する姿勢を世界に広めることをライフワークにしたいと言って、東南アジアの某国に移り住んでしまったのです。まだ若い世代ならそういう決断も珍しくないかもしれませんが、Cさんは五〇代、晩年と呼ばれる年齢に差し掛かった頃と言えます。それにもかかわらず、人生を大きく転換させました。そのきっかけになったのが〝食〟だったということに、驚嘆します。Cさんが某国に渡ってから、世界はコロナ禍に巻き込まれ、大きく変わりました。

しかし、Cさんは一切不安そうな様子も見せず、明るく元気で、なにより人生を楽しんでいるようです。その姿に勇気付けられる人は、きっとたくさんいるはず、そんなふうに思っています。

食に開眼したら新しい学びが始まった

生きていくためには食べ物が不可欠。それは何が起きても曲げられない事実です。であるにもかかわらず「何を食べるか」ということに、あまりにも無頓着な人が多いのは、どういうことなのでしょう。ここまで紹介してきた三人も、かつてはそのような食生活に疑問すら抱かない方々でした。食事全般がアメリカナイズされている、と言ってしまえばそれまでのことですが、それはある意味、合理的でもあるわけです。ただし、健康のことを無視すれば、ということですが。

これからお話しするDさんは、外資系企業に勤めていて、私の講座を受けにきた時にはすでに、二人のお子様がいらっしゃいました。元々、現代の食生活にうっすらとした疑問を持ち、漠然とした不安も抱いておられたDさんですが、きっかけとなったのは、やはり拙著でした。それまでの疑問や不安が、ふんわりとしたものから、形のある、現実感のあるものに変わって、講座を受けようと決めたのです。

拙著を読み、受講してはじめて、食べ物が体を作る、というあまりにも当たり前のことに気づいたといいます。二人のお子様のためにも、このチャンスにしっかりと食のことを学ぼうと決心したDさんは、受講中も本当に真剣でした。あっという間にいろいろなことを吸収し、実習の時もどんどん腕を上げていくので、同期の人たちは驚いていました。ちなみにDさんは取り立てて料理好きでもなく、それまでキッチンに入ることもなかったそうです。

そしてとうとう彼は、意を決して大学院で公衆衛生を学ぶことになります。そこで学んだ内容を時々、私にも話してくれることがあり、「講座の中でＫＩＹＯさん（私のことです）が言っていたのと同じことを教えられましたよ」とうれしそうに報告してくれました。

さらにすごいのは、その後Dさんが都心のマンションを売却し、郊外に新しく家を建て、近くに畑を借りて小規模ではありますが農業を始めたことです。私も採れた野菜を分けてもらったことがありますが、やり始めたばかりの素人とは思えない出来栄えでした。

今、彼は自分が作った作物を、ＪＯＲＡで習った家庭料理システムに則って料理して、ご家族と共に楽しんでいます。もちろん奥様も家庭料理システムを理解してくださっているので、その時に採れた野菜を最大限に活用して、食事の組み立てができています。

最近、Ｄさんは畑の面積を大幅に増やしたと言っていました。おそらく彼も、食を変えることで、人生を大きく好転させた一人でしょう。食を中心にしたプライベートでも、また重責を担っている仕事の面でも、今後のＤさんの活躍が楽しみです。

週末は子供と取り組むシステム化、夫婦関係も良好に

ここまで紹介してきた方々は、ＪＯＲＡと出会う前までは、あまり料理をしてこなかった男性たちでしたが、最近は「料理男子」という言葉が誕生したように、手料理を作って楽しむ男性も増えています。料理は女性がすべきもの、男がするものではないというような古臭い価値観を振りかざす男尊女卑の塊のような男性に比べればマシですが、それでも私は「料理男子」という言葉にひっかかりを覚えてしまいます。なぜなら、「たまに料理を作るのが楽しい」というなら、それはただの「趣味」に過ぎないと思う

からです。このことは次章以降で詳しく述べますが、ゴルフやランニング、釣り、プラモデル作りといった趣味の一つに「料理」が並んだだけで、そのことで自分や家族の食を変えることができないのだとしたら、それは「食」の本筋から離れてしまうのではないか、そして、そもそもそうした「趣味の料理」を家族は本当に喜んでいるのかなど、考えずにいられません。

歯科医のEさんもそうした「料理男子」の一人でした。週末になると手の込んだものを作り、家族や友人に振る舞うことを無上の喜びとしていたといいます。それに対して奥様や子供たちが週に一度の男の手料理を楽しんでいたのか、はたまた奮発して買い込んでくる高価な材料にため息をついていたのか、今となってはわかりません。しかし、Eさん自身は少しずつ上達する料理の腕や素材を調理するおもしろさにどんどんのめり込み、もっと上手くなりたい、レパートリーも増やしたいと思うようになっていきました。そうしたタイミングで知ったのが、JORAの料理講座だったそうです。どうやら他の料理教室とは違うらしいと直感したEさんはさっそく申し込み、そして私のもとへとやってきました。

私の講座ではごちそうや本格的と言われる料理、そして「料理男子」がうれしくなるような豪快な料理は登場しません。私がお伝えするのは、「本来あるべき家庭料理」。かしこまった料理やよそゆきの料理ではありません。体に合っていて、おいしく、健康になれる料理の作り方、栄養学、そして日々料理を作り続けるためのシステム化を教えています。このシステム化は、Eさんの料理にはまったくなかった視点でした。

家庭料理は特別な日に素晴らしい料理を作ればいいというものではありません。気合いを入れた料理を一回だけ作るのではなく、栄養的にも味覚的にも良質な食事を継続して作り続けることが重要になります。そのために必要なのが、システム化です。たとえば、食事のたびに主菜、副菜、汁物を一から作るのは、あまりにも労力がかかりすぎ、毎日続けるのが負担になります。すると、疲れた時などに料理をするのを諦めて外食したり惣菜を買って済ませたりしがちになるのです。家庭料理で大切なことは、珍らしい料理で家族を驚かせることではありません。毎日毎食、ずっと途切れることなく、良質な食事を作り続けることなのです。そのためには、素材を簡単に煮たり焼いたりした半調理品、容器から出して盛り付けるだけの常備菜などを準備しておき、決められた法則に基づいて分け、合理的に組み合わせること。それこそが私の推奨する、家庭料理のシステム化なのです。

趣味は料理だと自負していたEさんにとって、料理のシステム化は新鮮な驚きでした。レパートリーを増やしたいと思っていたEさんでしたが、システム化を身につければ新たなレシピを覚える必要はありません。たとえば軽く蒸すなど半調理した肉や魚が冷蔵庫にあれば、調味料を変えるだけで和風にも洋風にもエスニック風にも、無限に展開できます。それまでは作るメニューを決め、そのための食材の買い出しに行き、手順に沿って調理を進めるというのがEさんのやり方でした。この方法だと準備に手間がかかるので、料理を作るのはたっぷり時間が取れる週末に限られていましたが、システム化すれば調理時間が短縮でき、手間も少なくなります。しかも、その都度何を作るか考えるというゲーム感覚の楽しみまでプラスされるのです。

システム化に魅せられたEさんは、私の講座でその方法を学び、自分のものにしました。そして今では週末になると三人の子供と一緒にさまざまな食材を加工、保存し、E家のシステム化を進めるようになりました。そればかりか、歯科医師たちが集まる会合で料理をふるまい、家庭料理システムの普及までしてくれています。

Ｅ家の冷蔵庫がシステム化されたため、日々の料理が楽になったと奥様も大助かりだといいます。そしてＥさんにとっての料理も趣味から自分と家族の健康を守るためのものに大きく変わり、かつシステム化を極めることは、何を保存し何を半調理するかという知的なゲームになりました。新しい楽しみを見つけたＥさんはますます意気軒昂《いきけんこう》に、若々しくなったように見えました。

第二章　料理することで見えてくる真実がある

日本の社会情勢が見える、考えられる

「男子厨房に入らず（または、入るべからず）」とは、古くから日本で言われてきた言葉であり、「男子たるもの大きな仕事をするべきで、台所に入って料理などすべきではない」という意味で使われてきました。しかし、その元になっているのは「君子遠庖厨《ほうちゅう》（君子、庖厨を遠ざく＝君子は厨房に近づかない）」という孟子の言葉です。これだけだと「男子厨房に入らず」と同じ意味のように思えるかもしれませんが、全文を読むと「君子は禽獣《きんじゅう》が死ぬのを見るのも、その声を聞いてその肉を食べるのもしのびなく思うもの。だから君子は禽獣をさばいて料理する台所を遠ざけるべき」となります。つまり、為政者が家畜を哀れに思ってその命を救ったとしたら、民は飢えてしまう、だから台所に入ってはいけないという精神が本来のもの。この格言の肝となる「君子」という言葉が「男子」に変わり、もともとあった男尊女卑や亭主関白といった価値観と結びついて「男子たるもの台所仕事などするべきではない」という意味で広がり、定着していったのでしょう。

男女別に見た生活時間（週全体平均）（1日当たり・国際比較）

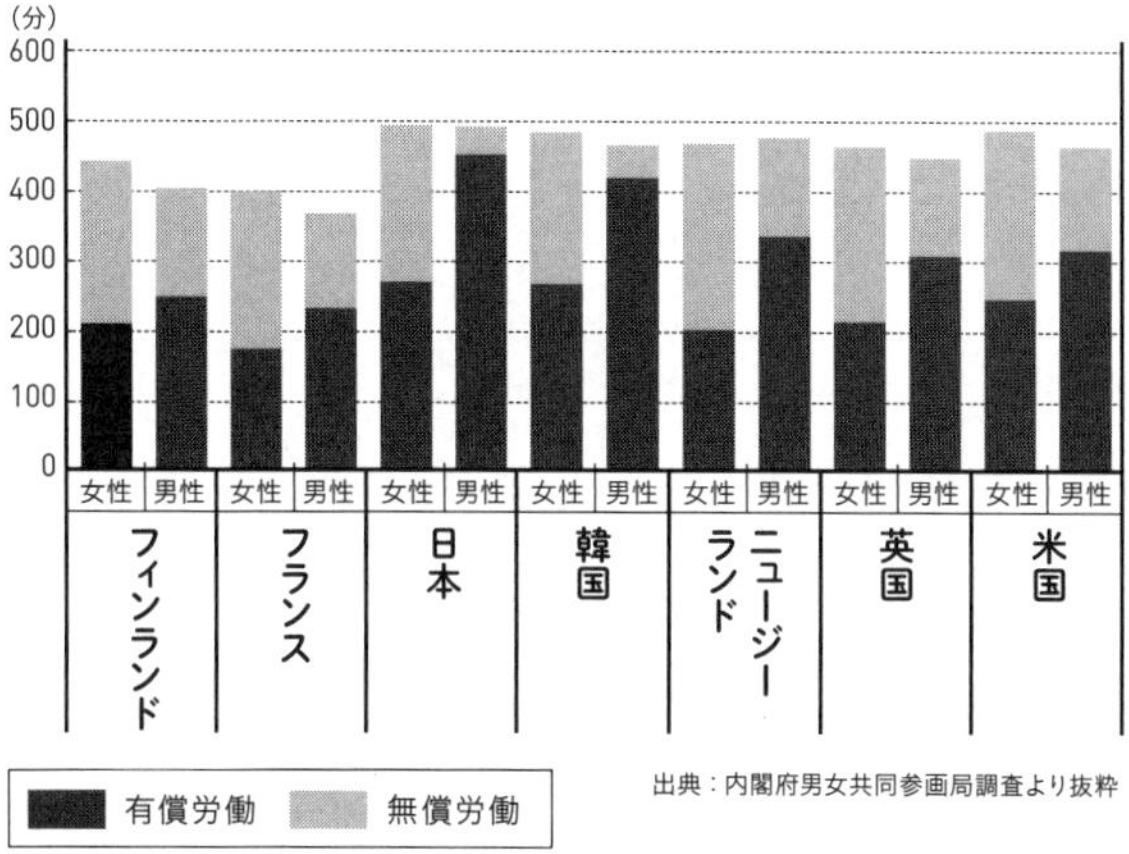

出典：内閣府男女共同参画局調査より抜粋

『有償労働』は「有償労働（すべての仕事）」、「通勤・通学」、「授業や講義・学校での活動等」、「調査・宿題」、「求職活動」、「その他の有償労働・学業関連行動」の時間の合計
『無償労働』は「日常の家事」、「買い物」、「世帯員のケア」、「非世帯員のケア」、「ボランティア活動」、「家事関連活動のための移動」、「その他の無償労働」の時間の合計

　しかしもう二一世紀、令和の時代です。おそらく男女を問わずかなりの割合の人が「もう男子厨房に入らずという時代ではない」と理解しているのではないでしょうか。ところが実際は「そうは言っても」と尻込みする男たちが相当数いるように思えてなりません。「やはり台所は女性に任せるのがいちばんだから」と最初からすべてをパートナーに押し付けてしまう男、「仕事が忙しくて台所に立つ気力もない」と忙しさを言い訳に

する男、そして「なんだかんだいっても『男子厨房に入らず』は真理」と開き直る男などなど、その言い分はさまざまです。実際、「諸外国に比べ日本の男性は無償労働の割合が極端に少ない」という内閣府男女共同参画局の調査結果があります。「無償労働」とは対価が生じない労働で、日常の家事、買い物、家族のケア、ボランティア活動などがここに入ります。無償労働の代表が家事ですから、日本の男性は諸外国に比べて家事をしない傾向があるということがこのデータからもわかります。国内の調査でも、日本では家事に価値を見出せない男性が多いという結果が出たのだとか。

「男子厨房に入らず」という言葉が違う意味で広がり、定着したように、日本では収入が得られる仕事は男がやるべきものとして誇りを持って取り組む一方で、収入にならない家事を労働の一つとして認められない男性が多いのは、なんとも悲しい現実です。

本書を手に取ってくださった方は、「男は金を稼ぐのが本筋、家事は女の仕事」という考え方とは無縁だと思います。男でも料理をしたほうがよいかもしれないと思ったからこそ、本書を読む気になってくださったのでしょう。ただ、もしも料理を始める理由が「おもしろそうだから」「手軽にできそうな趣味として」だとしたら、とても残念、というよりもったいないと思わずにいられません。

私は、これからは家庭料理の時代にならざるを得ないと考えています。そして家庭料理の時代は、男性が厨房に入り、料理をすることが必須になるのはもはや既定路線だと思うのです。

食料自給率が高い頃の日本だったら、日々の食事はもっとシンプルだったことでしょう。手に入る旬の食べ物のほかは自家製の味噌や漬物などを出せば、自然と健康的な食卓が出来上がっていたのですから。しかし今は違います。今や食を囲む問題は、国内だけでなく海外も含めて深刻かつ複雑です。それは日本人が国内で採れた物を中心に食べていた時代とは比べようもありません。その頃とは違い、すでに「女性だから」「主婦だから」という理由だけで一人に食べることのすべてを任せて手に負える時代でないのです。

私が男性も料理をすべき、いや、せざるを得ないと主張する理由はここにあります。

パートナーとタッグを組んでこの複雑な食の問題に取り組み、自分と家族の健康と未来を守るのが、これからの時代を生きる大人の責務なのです。

具体的にどのような問題があるのか、まずは国内の問題点から見ていきましょう。

①バブル崩壊後の経済状況

すべての人が豊かになれると実感できた高度経済成長期、そして日本が世界で一番豊かな国になったバブル経済成長期。誰もが日本の成長を信じて疑わなかった時代は、のちにバブル崩壊といわれた一九九一年から始まった景気後退により終わりを告げました。派遣労働者など非正規雇用労働者が増加し、安定した収入が得られない人が多くなってしまうとは、バブル経済期に誰が予想できたでしょうか。上昇傾向の諸外国が多いなか、日本は平均所得も最低賃金も三〇年間ほぼ上がらず、いつの間にか「貧しい国」となってしまいました。ＯＥＣＤ（経済協力開発機構）が公表している二〇二一年の調査結果によると、日本の平均賃金は二四位でした（左ページの表を参照）。二〇〇〇年以降の平均賃金はほぼ横ばい、上昇を続ける韓国には五年前に抜かれており、Ｇ７で比較すると賃金が上昇していないのは日本とイタリアのみという結果になっています。

バブル経済を経験した層は、いい部屋に住む、いい車に乗る、定期的に海外旅行をす

OECDによる平均賃金国際比較のグラフ

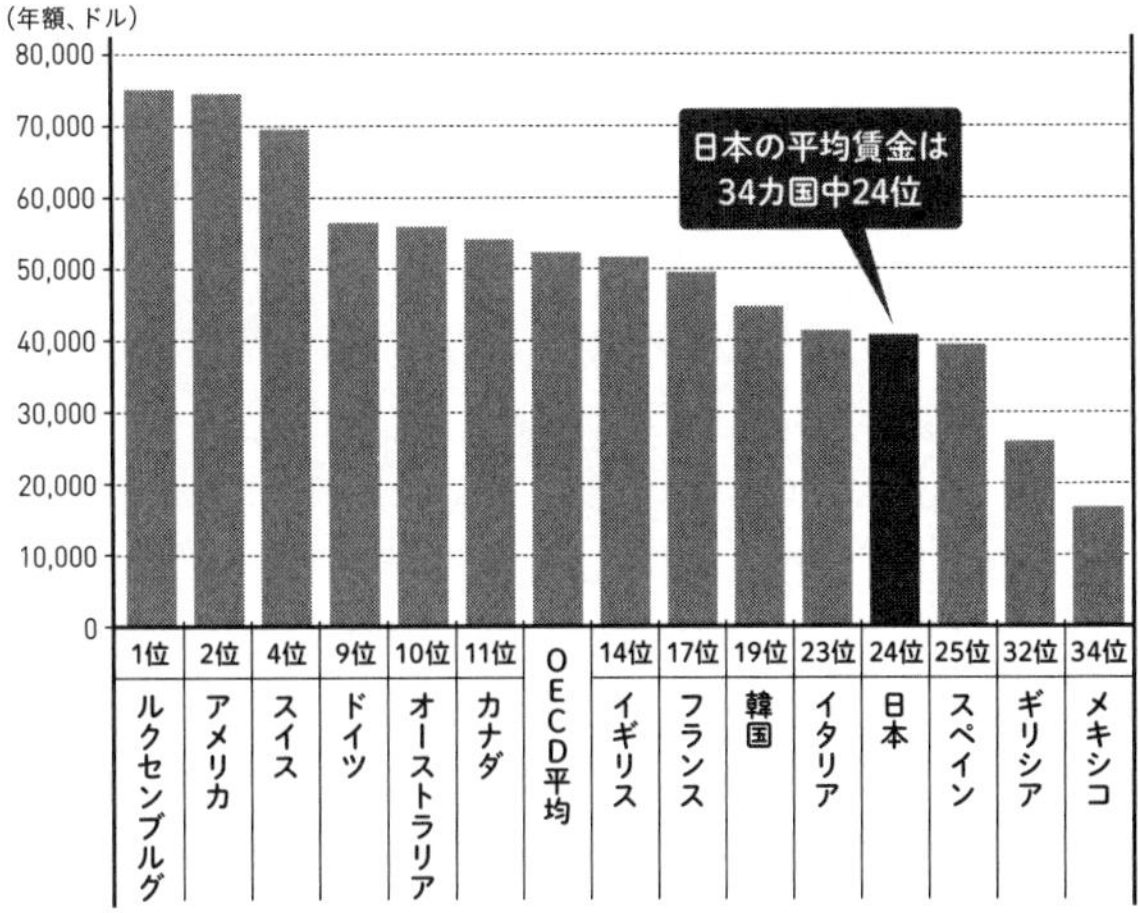

出典：OECDより抜粋

平均賃金は、国民経済計算に基づく賃金総額を、経済全体の平均雇用者数で割り、全雇用者の週平均労働時間に対するフルタイム雇用者1人あたりの週平均労働時間の割合をかけることで得られます。この指標は、2016年を基準とする米ドルと購買力平価（PPP）で表記されます。

る、ブランド物を手に入れる、そして高級なレストランで食事をするなど、今となっては贅沢とされるような遊びを当たり前にしていました。しかし、いまの若者はというと車もブランド物も欲しくない、住むところもこだわらないし、海外旅行にも特別行きたいと思わないなど、バブル期と比べると驚くほど質素になっています。身の丈にあった暮らしに満足して日々を楽しんで暮らしているなら、彼らの無欲ぶりをとやかく言うのは野暮というものですが、やはりこれは日本が貧しくなった証の一つだと思えるのです。

こんな経済状況では、食生活も変わらざるを得ません。金曜日だから、仕事が早く終わったから、忙しさが一段落ついたから、たまにはゆっくり楽しみたいから……こうした理由で週に何度も外食をしていた時代は、すでに過去のものになりました。家で作って食べることがスタンダードにならざるを得ない、第一の理由はこうした経済状況にあるのです。

②COVID《コビッド》-19以降の経済状況

二〇一九年に発生した新型コロナウイルス感染症（正式名称・COVID-19）は世界中に蔓延し、ウイルスの型を変えながら「コロナ禍」と呼ばれるほどの猛威を振るい続けています。最近ようやく自粛要請が解除されましたが、それまでは飲食店を中心に休業を余儀なくされる企業や店が増え、経済的に大きな打撃となりました。その影響はほとんどの国民に及び、勤務先が倒産した、人員整理の対象になったという労働者が増え、とくに非正規雇用者では雇い止めになって収入が途絶えてしまうという深刻なケースも少なくありませんでした。

ＣＯＶＩＤ－19が一人ひとりの生活にどれほどの影響を与えたのかを如実に物語るデータ「二〇二一年家計調査報告」（総務省）によると、「こづかい・交際費」「衣料」「教育・娯楽」「住関連」の項目で軒並みマイナスになっているのに対し、「光熱・通信」「食関連」の項目では前年に比べ支出が上がっています。

マイナスになった項目は、いずれも「そんなことにお金を使っている余裕はない」という実情が見えてきますし、プラスになった「光熱・通信」も、エアコンをフル稼働させた家にこもってスマホやパソコンにのめりこんでいたり、ネット配信サービスで音楽や動画を楽しんでいたりしたためと、原因はすぐにわかります。では、「食費」はどうでしょうか。このデータを見て、ネットショッピングやふるさと納税でいい食材を手に入れて家でのグルメを楽しんでいたと見る楽観的な人もいるかもしれません。しかしこれは、デリバリーやコンビニなどの弁当、ファストフードなどの安価な外食が増えているせいで食費が嵩《かさ》んでいるのが現実です。今は以前では考えられないほど安価に空腹を満たせる時代です。一食を三〇〇円で済ませることに慣れると、食材を買って自分で調理するのはコストパフォーマンスが悪いように思えてしまう……そんな人が増えているように思えてなりません。それがどんな影響をもたらすのか、のちほど詳しく説き明かしていきましょう。

③貧困率の上昇

「ＯＥＣＤ加盟国のうち日本は貧困率が八番目に高く、Ｇ７ではアメリカに次いで二番目に高い」という記事が話題になったように、近年、メディアで盛んに「貧困」という言葉が使われるようになりました。これを聞いて「日本はそこまで貧しい国ではない」と思いがちですが、それは「絶対的貧困」と「相対的貧困」を混同しているにすぎません。「絶対的貧困」とは、食べるものや住む場所がないなど、人間として最低限生きていけるだけの条件が満たされないような貧困のことで、開発途上国に多く見られます。飢餓に苦しみ、家はなく、医療も受けられず、子供は痩せ細り、総体的に短命です。これに対して「相対的貧困」とはその国や地域の文化水準、生活水準と比較して大多数より貧しい状態を指し、具体的には世帯の所得がその国の等価可処分所得の中央値の半分に満たない人々と定義されます。わかりやすくいうならその国の平均所得の半分以下の所得しかない状態が「相対的貧困」です。日本の相対的貧困率は全世帯の約一五パーセント、約六人に一人は相対的貧困の状態です。

困窮しているにもかかわらずスマホや携帯電話を持っているケースが多いため、相対的貧困は「見えない貧困」と言われることもあります。派遣労働者の場合、仕事の連絡を受けるため、あるいは人との繋がりを保つため、どのような状態に陥っても通信費を削ることはできないと考える人が多くいます。しかし、収入は低く使えるお金は限られているため、何かを削らなければなりません。そのターゲットになるのが食費です。②でも説明しましたが、いまは安い食べ物がいくらでも手に入ります。実際、相対的貧困家庭ほど安いファミレスやファストフード、コンビニ弁当などの利用率が高いという現実があります。こうした外食産業は、安価に食べ物を提供するための企業努力として、できる限りコストを削減します。つまり仕入れ食材の原価を抑える、早い話が劣悪な食材を使っているからこそ、安価な食事が実現するのです。まだ成長期の子供がこうした食事をしているのを見ると、恐ろしいと同時に痛ましい気持ちになります。心身の健康を保つためには、食事をおろそかにしてはならない、そのためには家庭料理が復興しなければならないのです。

④生活習慣病の原因は食事内容

生活習慣病とは、その名前の通り生活習慣が発症・進行の要因となる疾患の総称で、かつては「成人病」と呼ばれていました（改称は一九九六年）。七大生活習慣病とはがん、脳卒中、心筋梗塞、高血圧性疾患、糖尿病、肝硬変、慢性腎不全を指し、そのうち日本人の死因の上位を占めるがん、脳卒中、心筋梗塞は三大疾病と呼ばれます。生活習慣と疾患の関連について、厚生労働省はホームページで以下のように指摘しています。

・食習慣……インスリン非依存糖尿病、肥満、高脂血症（家族性のものを除く）、高尿酸血症、循環器病（先天性のものを除く）、大腸がん（家族性のものを除く）、歯周病など

・運動習慣……インスリン非依存糖尿病、肥満、高脂血症（家族性のものを除く）、高血圧症など

・喫煙……肺扁平上皮がん、循環器病（先天性のものを除く）、慢性気管支炎、肺気腫、歯周病など

・飲酒……アルコール性肝疾患など

そしてその予防施策として厚生労働省が挙げているのが「運動施策の推進」「栄養・食育対策」「たばこ対策」「アルコール対策」「睡眠対策」「女性の健康づくり」の六項目です。四〇年以上前、アメリカのカリフォルニア大学のブレスロー教授が生活習慣と健康との因果関係についての調査をしました。その結果をまとめたものは「ブレスローの七つの健康習慣」として広く知られています。

1・喫煙をしない
2・定期的に運動する
3・飲酒は適量を守るか、しない
4・一日七から八時間の睡眠をとる
5・適正体重を維持する

6・朝食を食べる
7・間食をしない

いずれもすべての人が納得する内容です。

しかし、生活習慣病について厚生労働省が公表している「原因」、そして「予防法」のいずれも、重要な要素からあえて目を背けているようにしか思えません。それこそが合成化学調味料や食品添加物を始めとする化学物質です。

ご存じの通り、孤独死が社会問題になっています。孤独死に明確な定義はありませんが、一人暮らしの人が誰にも看取られずに亡くなることを指し、その多くが家族と疎遠になっている、地域コミュニティから隔絶されている、就学・就労していないというように、人や社会との繋がりが絶たれて孤立しているケースがほとんどです。かつては孤独死してしまうのは独居老人という印象がありましたが、いまは三〇代、四〇代という若い世代でも起きており、問題はさらに深刻になっています。孤独死した人の多くは室内がゴミで埋め尽くされているゴミ屋敷の状態になっていることが多く、その処理を特殊清掃業者が担っています。なんとも過酷な仕事ですが、こうした業者によると堆積されたゴミはコンビニ弁当やカップ麺の空き容器がほとんどだといいます。さらに発泡酒や高アルコール度数のチューハイなどの安い酒や、カフェイン濃度の高いエナジードリンクなどの空き缶、炭酸飲料などの空きペットボトルも散乱しているのだとか。塩分や糖分が過剰な一方、野菜を摂っていないためビタミンやミネラルはほぼゼロ、これでは生活習慣病になるのも当たり前だし、それが原因で孤独死に陥るのも無理はない、と指摘する意見もありました。しかしそれ以上に深刻なのが、コンビニ弁当やカップ麺に含まれる化学物質だということに気づいているのでしょうか。

孤独死の例はあまりにも極端だと思うかもしれません。しかし、「忙しくて料理する時間がないから」「作るより安上がりだから」「疲れているから手っ取り早く空腹を満たして早く寝たいから」など、さまざまな理由で駅前のファストフード店に入ったり、コンビニで弁当やカップ麺を買ったりする日は、週に何回くらいあるでしょうか。家族の食卓にスーパーで買った惣菜や冷凍食品を並べることは、どのくらいあるでしょうか。

こうした食べ物は安く手に入れられるため、一時《いっとき》のことだけを考えれば財布に優しいのは間違いありません。しかし、そこに含まれる化学物質のことを考えれば、それらが確実に健康を蝕《むしば》んでいるのです。

忙しく働いている人ほど、こうした食事を完全にゼロにするのは難しいかもしれません。昼食は慌ただしくコンビニ弁当で、夕食は安い居酒屋で済ませてしまう、小腹が空いた時はカップ麺でしのいでしまうという人は、いまや珍しくもありません。

どうしたって体に化学物質が入り込んでくる時代だからこそ、できるだけ家で料理をして、安全なものを食べることは、健康を維持するため、健康寿命を延ばすために不可欠です。こういう話をすると「いつ死んでもいい」と嘯《うそぶ》く人が出てきますが、劣悪なものを食べて健康を害し、あっさり旅立てるのならいいでしょう。しかし医学が進んでいる現代、生活習慣病が重篤な状態になってもあらゆる手立てで延命が行われます。莫大な医療費がかかり、家族に介護の苦労を負わせてしまう、そんな未来でいいのでしょうか。いつも買っている弁当でもカップ麺でも惣菜でも、一度裏返してパッケージをよく見て、耳慣れない物質名がずらずらと並んでいることに、改めて気づいてほしいのです。

しかも安価な食品では、肉や野菜といったメインの食材も、ホルモン剤や抗生物質などで薬漬け状態の輸入肉だったり農薬まみれだったりするものが多いのが実態だということも、ぜひ知ってください。

改めて、生活習慣病の原因となる化学物質を挙げておきましょう。これらが使われていないものを口にするだけで、体調が変わることをお約束します。

・トランス脂肪酸

スナック菓子やパン、冷凍食品やポテトフライなどの揚げ物に使われる油のほとんどは、安価でサクサクとした歯触りを与えるマーガリンやショートニング、サラダ油が使われていますが、ここにはトランス脂肪酸が大量に含まれているのをご存じでしょうか。トランス脂肪酸は動脈硬化のリスクを高め、アメリカでは「プラスチック食品」「狂った脂肪」などと呼ばれ、含有量の表示が義務付けられています。ところが日本ではトランス脂肪酸のリスクが話題になることがほぼありません。国民の健康に直結するのですから、厚生労働省が管轄すべきなのですが、どういうことか監督官庁は消費者庁、しかも「日本人のトランス脂肪酸の一日の平均摂取量は〇・九グラム前後と微量なので健康への影響は少ない」として野放し状態です。こうしたなかで自分と家族を守るには、トランス脂肪酸を徹底的に避けるしかありません。スナック菓子や揚げ物だけでなく、安価なスイーツに使われている植物性ホイップクリーム、コーヒーフレッシュにもトランス脂肪酸が多く含まれているので、避けましょう。

・人工甘味料

糖質制限が流行して以来、砂糖は美容と健康の敵となりました。白い砂糖、白く生成された小麦粉、白米を「白い悪魔の三兄弟」と名付け、口にしないように訴えてきた私としてはとても喜ばしく思います（詳細は小社刊『大切な人に食べさせたくないもの、食べてほしくないもの』をご参照ください）。しかし、砂糖の代わりにカロリーゼロを謳《うた》った飲み物や食べ物が増えているような気がしてなりません。こうした商品に含まれているのは、アステルパーム、スクラロース、アセスルファムKなどの人工甘味料。砂糖の数百倍もの甘みがありますが安価なのでメーカーとしては積極的に使いたいのでしょう。いまや清涼飲料水や菓子類だけでなく惣菜にまで使われています。アステルパームは自然には存在しない化合物質で、摂取すると小腸でフェニルアラニンとアスパラギン酸、そして微量のメタノールに分解・吸収されます。メタノールとはメチルアルコールのことで、飲むと失明・死亡にいたる有害物質です。おそらくごく微量だから健康への影響はないとして食品添加物に認められているのでしょうが、とても正気の沙汰とは思えません。アステルパームは脳腫瘍や白血病との関連も疑われていることを付け加えさせていただきます。

スクラロースとアセスルファムＫも化学合成物質で、人の体内では分解できず、一部が吸収されてしまいます。それが異物として体内を巡り、肝臓や腎臓に大きなダメージを与えて免疫力を低下させると言われています。

どちらもカロリーゼロ・糖質ゼロと銘打っているので減量をしたい人にとっては魅力的に映るし、健康的に思えるのかもしれませんが、それは大きな誤解です。生活習慣病を避け、健康を維持するために避けたほうがいいということは、もはや言うまでもありません。

・化学調味料

味覚の基本となる要素は甘味・酸味・塩味・苦味・うま味の五基本味ですが、このうちうま味は戦前の日本の化学者、池田菊苗《いけだきくなえ》博士が発見しました。この時見つけたのはだし昆布に含まれるグルタミン酸ですが、のちに鰹節からイノシン酸を、シイタケからグアニル酸をと後進の化学者が次々と新たなうま味を発見しました。それ以前から日本では昆布や鰹節で出汁《だし》をとり、それがおいしさの決め手になることが経験的にわかっていたのですが、それが科学的に証明されたということになります。うま味は日本独特の味覚とされていましたが、国際的に認められるようになり、それまで「甘味・酸味・塩味・苦味」の四つだった基本味にうま味が加わり、五味となりました。そして、うま味成分であるグルタミン酸を工業的に生産したものが化学調味料（グルタミン酸ナトリウム）で、その製造法特許を取得したのが昆布のうま味からグルタミン酸を発見した池田博士です。のちにイノシン酸ナトリウム、グアニル酸ナトリウムなどを調合した複合化学調味料も作られるようになりましたが、八〇年代後半からメーカー側は「うま味調味料」という名称を使うようになりました。消費者の天然志向に応えてのことですが、うま味成分を工業的に生産したもの、ということに変わりはありません。

グルタミン酸ナトリウムはグルタミン酸ソーダとも呼ばれることから、料理業界では縮めて「グルソ」と呼ぶようになりました。グルソは料亭から居酒屋まで、あらゆる外食産業で使われていますが、とくに中華料理でよく使われます。六〇年代の終盤、中華料理を食べた人が頭痛・歯痛・顔面の紅潮・体のしびれなどの症状を訴え、それを「中華料理店症候群」として権威ある医学雑誌が掲載しました。のちに臨床試験が行われたのですが、グルソと中華料理店症候群の因果関係は証明できませんでした。しかし、グルソそのものに血管を収縮させる作用があることがわかり、グルソを含む食品は偏頭痛の原因の一つと考えられています。

「うま味調味料は天然原料による発酵法で製造されているため、〝化学〟調味料ではない」「グルタミン酸ナトリウムは食品衛生法に定められた安全性試験をすべてクリアしている」「日本国内だけでなく国連（ＦＡＯ／ＷＨＯ）、米国食品医薬品局（ＦＤＡ）などの国際的機関からも安全であると認められている。イノシン酸ナトリウム、グアニル酸ナトリウムも同様である」、これらはメーカー側の言い分ですが、少なくとも私はそれを体に入れたいとは思いません。

いま、化学調味料を使用していない「無化調」の食品が増えています。こう表記されているから天然の出汁を使っていると思う人が多いのは、なんとも残念なことです。「無化調」の商品は化学調味料を使わない代わりに、たんぱく加水分解物が使われています。

たんぱく加水分解物とはたんぱく質を含んだ動物性・植物性の原料を塩酸または酵素で加水分解したもので、その主成分は人工的に作られたアミノ酸です。塩素で分解される製造過程でクロロプロパノール類という不純物が生成されてしまい、これが発がん性物質であることが解明されたため、多くの国でその危険性が指摘されています。

・食品添加物

菓子類やカップ麺だけでなく、さつま揚げやソーセージなどの加工品の表示を見ると、多くの食品添加物が含まれていることがわかります。しかし、これが弁当や惣菜になると表示される食品添加物の量が少なくなることをご存じでしょうか。たとえば、ソーセージの表示に、「豚肉、豚脂肪、糖類（水あめ、ブドウ糖、砂糖）、食塩、香辛料、リン酸塩（Ｎａ）、調味料（アミノ酸）、酸化防止剤（ビタミンＣ）、発色剤（亜硝酸Ｎａ）」と書かれてあったとしても、ソーセージが入った弁当の表示は「ソーセージ」のみで、そこに含まれる食品添加物は表示されません。これは「キャリーオーバー」と呼ばれるもので、表示しなくてもよいと法律で定められているのです。キャリーオーバーとは「原材料の加工の際に使用されるが、次にその原材料を用いて製造される食品には使用されず、その食品中には原材料から持ち越された添加物が効果を発揮することができる量より少ない量しか含まれていないもの」と定義されるもの（厚生労働省ホームページより）。たとえば、せんべいに安息香酸という保存料が含まれるしょうゆを使ったとしても、せんべいの保存料として効果を発揮しない場合は、安息香酸はキャリーオーバーとなるので表示しなくてもいい、ということになります。

もう一つ例をあげてみましょう。最近コンビニではＣＯＶＩＤ‐19感染防止対策のため、おでんをレジ横の鍋に入れて客に選ばせるのではなく、一人前がパックになったものを販売するようになりました。この商品の表示を見てみると「大根水煮、ゆで玉子、こんにゃく、ゴボウ巻き、さつま揚げ、おでん汁の素（食塩、しょうゆ、還元水あめ、かつおエキス、昆布エキス、たんぱく加水分解物、かつお節エキス、野菜エキス）、焼きちくわ、昆布／加工でん粉、ソルビット、調味料（アミノ酸等）、水酸化Ｃａ、貝Ｃａ、（一部に卵、小麦、大豆を含む）」となっています。一読しておわかりの通り、おでんの具材であるゴボウ巻きやさつま揚げに含まれる食品添加物はキャリーオーバーとして表示されていません。一つひとつにどのような食品添加物が含まれているか、食べる側は知る方法もないのです。これも考えようによってはマシかもしれません。レジ横の鍋で売られていた頃は、表示を確かめる術《すべ》がなかったのですから……。

そもそも食品添加物は、食品衛生法で「食品の製造過程で、または加工や保存の目的で食品に添加、混和などの方法によって使用するもの」と定義されています。加工したり味をつけたりする時に使う調味料、保存料、着色料をまとめて食品添加物と呼び、「安全性と有効性を科学的に評価し、厚生労働大臣が認めたものだけが食品添加物として使用できる」とされ、一見「安全性が保証されている」ように見えるかもしれません。しかし前述のクロロプロパノール類も健康に悪影響が発生する可能性があると認めた上で、「平均的な食生活においては、健康リスクは無視できるほど小さい」として、事実上たんぱく加水分解物の使用を認めてしまっています（たんぱく加水分解物は登録上は食品添加物ではなく食品です）。しかし、さまざまな食品にたんぱく加水分解物が添加され、体に入ってしまう現状を見ると本当に「無視できるほど」健康リスクは小さいのでしょうか。私には到底そうは思えません。

このように、日本ではさまざまな有害物質が、「安くておいしい庶民の味方」のような顔をしたさまざまな食品に含まれています。しかも国がそれらの使用を認めてしまっているのだから、始末が悪いとしか言いようがありません。しかし、国がどんなお墨付きを与えようと、これらの物質は食べたいと思わないし、大切な人たちに食べないでほしいと願わずにいられません。

これらの物質を体に入れないためには、買い物の際に表示をチェックするという方法が欠かせません。しかし、キャリーオーバーのことを知ればおわかりのように、そこに使われている物質のすべてが書かれているわけではないし、ファストフードを始めとする外食やコンビニ弁当などの中食《なかしょく》では、何が使われているのか知る術もありません。

やはり、自分で食材を選び、料理するしか有害物質を避ける方法はないのです。

⑤無駄な食べ方をしない

「食品ロス」という言葉が広まり、今まで目を向けられていなかった本来食べられるのに捨てられてしまう食べ物が注目されるようになりました。世界的に見ると食品ロスは年間で一三億トンあり、日本はそのうち六〇〇万トンを廃棄しています。これは国民一人あたりに換算すると、毎日茶碗一膳分の食料を捨てているということ。主要国で食品廃棄物発生量を比較すると、ダントツで多いのが中国、続いてアメリカそして大幅に数字を落として三位に日本が入っています。これはとても不名誉なことだと思えてなりません。食品ロスというと、たとえば恵方巻きやクリスマスケーキなどの季節商品が時期を過ぎたとたんに廃棄される、コンビニやファストフード、パン屋などで決められた販売時間を過ぎた商品が売れ残り品として捨てられるといった小売店の大量廃棄が思い浮かぶかもしれません。小売店での廃棄商品のほか、飲食店での食べ残しや工場などで出る規格外商品は事業系食品ロスと呼ばれ、日本における食品ロスのおよそ五三パーセントを占めます。これに対し、家庭で出る家庭系食品ロスは四七パーセント、そこそこ多いのです。のちに詳しく解説しますが、そもそも日本は食料のほとんどを輸入に頼っている国です。海外から大量に輸入し、大量に捨てているのはどう考えてもおかしな話だと思いませんか。そもそも日本人は「米一粒に七人の神様がいる」という言い伝えがあるほど、食べ物を大事にしてきました。「もったいない」は日本人の芯に染み付いているはずなのに、どうしてこうなってしまったのか、不思議でなりません。

事業系の食品ロスが多いのは前述の通り大量に作りすぎることのほか、少しでも色や形が悪いものを廃棄してしまう、賞味期限が近づくと売れなくなってしまうなど、神経質すぎる消費者のニーズに応えようとした結果、廃棄が多くなるという事情もあります。一方、家庭系食品ロスに目を向けると、その原因は「無駄に買いすぎている」ということに尽きます。特売日の目玉商品をまとめ買いしたり、大容量パックで安く売られている冷凍肉を買ったり、忙しい時のストックと称して冷凍食品を大量に買い込んだりすることを節約の工夫だと思っている人の、なんと多いことか。もちろん、すべてを計画的に、しかもおいしく使い切ることができるなら、何の問題もありません。しかしそうした人はごく少数のように思えます。ほとんどは冷蔵庫や冷凍庫を満タンにしたあげく、何を入れたのかを忘れてしまう。冷蔵庫の野菜室の奥で野菜が干からびたり溶けたりしている、チルド室の奥でソーセージがミイラのようになっている、棚の奥のほうから割引シールが貼られた惣菜パックが出てくる……こうしたことは、あちこちの家庭で起きています。一方、冷凍庫は冷凍食品や特売でまとめ買いをした肉のパックなどがぎゅうぎゅう詰めになっていたりします。それらは買ったことさえ忘れられ、数カ月後に霜まみれになったり冷凍焼けの状態で発掘されるという運命を辿ります。もう食べる気になれず、そのままゴミ箱に直行してしまう、これが家庭系食品ロスの実態ではないでしょうか。

繰り返しますが、私たち日本人は本来食べ物を粗末にするような民族ではありませんでした。さらに、世界にはひとかけらのパンも手に入れることができない、飢餓に苦しむ人たちがたくさんいます。それなのに、本来は食べられるはずだったものを平気で捨てるのは、あまりにも罪深い過《あやま》ちです。

家庭での食品ロスが起きる背景に、私は安いという理由だけで質に目を向けることなく、雑に食べ物を買っている現実があると考えています。作るものを考えずに買い物にいくこと自体は悪いことではありません。しかし、買う時にはこれで何を作るかという目星はつけてほしいのです。そうではなく、ただ闇雲に「安いから」「お買い得だから」という理由だけで買っていると、それらは冷蔵庫や冷凍庫にしまいこまれ、忘れ去られるゴミ予備軍になってしまいます。また、「〇〇の素」といった合わせ調味料は消費期限が長いため、「いつか作る時のため」と買ったまましまいこまれ、月日が経ってゴミになりがちです。

買い物をする時は、良質なものを購入し、よく考えて無駄なく使い、食べきる、これは料理の基本です。これを心がけるだけで食品ロスが大幅に削減されるだけでなく、冷蔵庫や食品ストッカー、パントリーがすっきりと片付くはずです。社会問題に立ち向かうだけでなく、住まいを心地よく整えるためにも、まずは日々の買い物から見直すことをおすすめします。

世界の変化を見る

ここまで〝食〟を通して見えて来る日本の社会情勢や問題点に触れてきました。では、世界はどうでしょうか。

私は〝食〟は社会の鏡であり、世界の縮図だと考えています。私たちにとって食べ物は命を繋ぐものであり、心身を育むためのなくてはならないものです。しかし、世界情勢と〝食〟を合わせて考えると、まったく違う構図が見えてきます。歴史を振り返っても、革命や反乱、政変など時代の大きな転換は、食べ物がその発端になることが多くありました。現代でも主要食料の輸出国が価格を上げる、あるいは輸出を止めるという方針を打ち出したら、たちまち世界中でパニックが起きるのは間違いありません。実際にこうした例は何度となく繰り返され、その度に多くの国が振り回され、結果的に食料輸出大国の要求を飲まざるを得なくなる。つまり、食料は極めて政治的な意味を持つのです。小麦やトウモロコシなど主要穀物の輸出大国であるアメリカで、農務省が「食料は戦略物資」と位置付けているのはまぎれもない事実なのです。

このことを理解するのは、日本人にとって難しいことではないかと私は感じています。私たち日本人は古来、食べ物は天の恵であり、神様がもたらしてくれた大切なものだと捉えてきました。それだからこそ、「困った時はお互いさま」という昔からの感覚が今も生きているのではないでしょうか。それが表れているのが、災害時のさまざまな光景です。東日本大震災という未曾有の災害に遭い、大切な人や住むところを失い、呆然として途方にくれる被災者の方々の姿を思い出します。どれほどの絶望に襲われたか想像することさえ難しい、そんな非常時に、被災者の方々は被災を免れたスーパーやコンビニに並び、食べ物や水が手に入る順番を待っていました。この光景がニュース映像として世界に発信されると、あらゆる国から驚きの声が上がりました。どの国の人も異口同音に信じられないと言ったのです。もし自分の国で同じような災害が起きたら、暴動が起き、開店しているかどうかにかかわらず、店は略奪行為に遭っていただろう、と。確かに海外のニュースで、私たちもそうした光景を目にすることがあります。暴徒が店を破壊し、乱入し、必要なものもそうでないものも根こそぎ略奪していく姿は、筆舌に尽くし難い光景です。そうしたひどい映像を見るたび、おそらくほとんどの日本人はこう思うのではないでしょうか。「日本ならこういうことは起きないだろう」と。

東日本大震災だけではありません。大雪で立ち往生し、長い車列が身動き取れない状態になっていると、近隣の住民たちがおにぎりを作って配った、台風の避難所にメーカーが大量のパンを届けたなど、災害のニュースに食べ物を分かち合う姿が加えられることは珍しくありません。

日本は財布を拾っても多くの人が交番に届けるお国柄です。私の友人にインド人の国際弁護士がいるのですが、彼は「日本人のなかに神様がいる」と表現していました。信仰の対象がいるのではなく、一人ひとりが神様を内包しているというのです。過分な評価に謙遜を忘れて思わず笑ってしまいましたが、心のなかでは大いに納得したものです。

私たち日本人が天からの授かりものとしていただいている食べ物は、ところを変えると戦略物資として政治的な圧力・取引の材料にされており、収穫量や輸出量によって世界情勢は目まぐるしく変わるのです。今や食料は、日本のみならず国際情勢を示すシンボリックな存在になっているのだということを、日本人は理解しておくべきだと私は考えます。

このことを子供たちに伝えるのは簡単なことではありません。しかし、そうした世界情勢があって、日本が抱えている問題があるということは、いずれは理解してほしいと思うのです。だからといっていきなり世界情勢の話をしても、子供は戸惑うだけでしょうし、すぐに理解できるとは思えません。そこで必要になってくるのが、日本人として日々の食事を大切にすること、そして私たち日本人は食べ物をどれほど大切にしてきたか、どう捉えてきたかを伝えていくことです。

今、残念なことに若い世代を中心に日本人が大切にしてきた食べ物への思いが薄れているような気がしてなりません。食べきれないほどの料理を注文して平気で残したり、まだ食べられるものを捨ててしまうような行為が若い人の間に見られることに、私は強い危機感を抱いています。インド人の友人が感嘆した「日本人のなかに神様がいる」という美点が、このままでは失われてしまうのではないか、そんな気さえするのです。

この危機的状況を食い止めるには、一人ひとりの大人が今、食べ物をめぐる世界情勢がどうなっているのかを理解した上で、日本人が古来もっていた食べ物に対する畏敬の念を再確認することが必要ではないかと考えます。

それを念頭に、いま世界で食料をめぐって何が起きているのかについて、知っておくべきことをあげていきましょう。

①日本の食料自給率は危機的な水準

日本の食料自給率が極めて低いことは、すでに周知の事実となっています。しかし、すべての人がその実態を正確に把握しているかというと、甚だ疑問だと言わざるを得ません。農林水産省のホームページで食料自給率を調べると、三八パーセントと六六パーセントという、ほぼ倍違う二つの数字が出てきます。前者は食料の重量あたりのカロリーに換算して算出されたカロリーベース、後者は食料の単価で算出された生産額ベースという違いがあります。生産額ベースで考えると、輸入品より国産品のほうが高価なので、国内生産額が高くなり、結果としてカロリーベースより高い自給率が出てしまいます。これだと「自国で生産された食べ物をどのくらい食べているか」という実態が見えにくいので、本書ではカロリーベースを採用しますが、そうすると「日本人が食べているもののうち、三八パーセントは自国で生産されたもの」ということになります。いかがでしょう。「割と多いな」と思ったのではないでしょうか。最近は野菜、肉、魚といった生鮮食料品も輸入品が増えていますが、四割弱が国産品と思えば「まあまあマシ」な気がするかもしれません。これが大きな誤りなのです。

わかりやすく野菜で解説しましょう。この数字でいけば、流通している野菜の約四割は日本の畑で収穫されたものということになりますが、ではそれらの野菜はどうやってその畑にやってきて、どうやって食べられる大きさにまで育ったのでしょうか。小学校の理科で習うことですね、そう、農家の方が畑に種を蒔《ま》き、肥料を与え、虫害を防ぐために農薬を散布して育てたのです。野菜を収穫するには、種と肥料の原料、農薬が不可欠なのですが、これらの製品に国産のものが非常に少ないという事実を知っている人はどのくらいいるのでしょうか。まず野菜などの種苗はほぼ外国産です。米は国産の種、苗を使って生産していますが、主食用の米の需要が年々減少しているとして、農林水産省は米農家に対して米の減作を指示しています。その代わりに飼料用米、麦・大豆等に切り替えるように指導しているとのことですが、日本の自給率の実態を知れば知るほど、この施策に対して疑問しか湧いてきません。

さらに知らなければならないのは肥料の問題です。作物の肥料は尿素（チッ素）、リン、カリウムを原材料として、トマトならトマト用といった具合に配合を変えて販売しているのですが、この原材料のほとんどが輸入に依存しているのです。その実態はまさに絶望的で、チッ素は九六パーセントが、リン、カリウムに至っては一〇〇パーセントを輸入に頼っているため、現在、肥料の価格が高騰しているのです。ロシアや中国からの肥料の輸入が、ロシア・ウクライナ戦争によって途絶えており、二〇二三年度には六〇パーセント値上がりすると言われています。輸送船が止まっている状態であり、どうすることもできません。外国から種苗や肥料・農薬を輸入しないと農業が成り立たないような状況では、もはや日本の食料自給率はゼロに近いといえるのではないでしょうか。このことはすべての日本人が知った上で、問題意識を共有しなければならないと思うのですが、なぜかまったく報道されません。私は農家の方を何人も知っていて、そのすべての方々がこの件について頭を抱えているにもかかわらず、報道されることがないので、ほとんどの方々は問題があることさえ知りません。日本の食の根幹を揺るがす大きな問題なのに、国民に対してその情報を伝えようとしないのは、何らかの意図があるように思えてなりません。

日本は食料自給率が極めて低く、すでに深刻な領域に入っていると言えます。では、日本が頼りにしている外国の状況に目を向けると、こちらも楽観できる材料がありません。ＣＯＶＩＤ－19の感染拡大、異常気象、ウクライナ情勢の緊迫化などの理由で、日本の主要取引先である二〇数カ国で食料の輸出制限が始まっています。すべての状況を照らし合わせると、答えは一つしかありません。そう、日本人が食べられなくなる時代が、もうすぐそこまで来ているのです。

②食料危機が迫っている

歴史を振り返れば、日本が幾度《いくど》となく飢饉に見舞われたことがわかります。それらは干ばつや水害、冷害、風水害など天災によるものでした。しかし、ここまで説明してきたように、今、私たちに襲いかかっているのはあまりにも低い食料自給率、戦争やＣＯ

VID-19などの国際情勢、さらに世界的な異常気象という、複数の問題が同時に起きていることによる食料危機なのです。食料自給率が高い国なら、自国で生産された食料を輸出せず、自国民で食べればいいのですから、世界規模の危機も乗り越えられるかもしれません。ところが日本はどうでしょう。先に説明した通り、食料自給率が実質ほぼゼロという状況で食料危機に見舞われたらひとたまりもありません。食べるものに困る時代が少しずつ近づいていることに、一体どれだけの人が気づいているのでしょうか。

農林水産省が米の減作を指示しているということは、先に解説した通りですが、さらにCOVID-19の感染拡大により外食需要が減退し、業務用の米が売れなくなりました。米価は下がり続ける一方で、肥料の価格は高騰し続けるダブルパンチの結果、大幅な収入源に苦しむ農家が増えています。肥料価格高騰の影響をダイレクトに受ける二〇二三年には、三~五ヘクタール規模の農家が赤字に転落するという試算も出てきます。そうなると、離農する農家も増えてくるはずです。外国に頼らなければ飢えてしまう時代は、実はそう遠い未来ではないのかもしれません。

③世界を揺るがす小麦事情

昔から日本人は米を主食としてきました。しかし、今や政府から減作指示が出されるほど消費量が減ってしまいました。実際、一人あたりの年間米消費量は、一九六二年の一一八キログラムをピークに減少を続け、二〇二〇年度では五〇・八キログラムまで減少しています。家計における一世帯あたりの年間支出額の推移を見ても、二〇一四年以降はパンの支出額が米の支出額を上回るという結果になっています（農林水産省調べ）。こうしたデータを見ると、すでに「日本人の主食は米」という前提が崩れているように見えてしまいます。小麦が新たな主食になりつつある……これが現実だとしたら、ますます状況は深刻と言わなければなりません。今、国産小麦の割合は全体のわずか一六パーセントで八〇パーセント以上を輸入に頼っています。日本の土地は小麦栽培に不向きだから小麦の自給率が低いということではありません。実際、一九三〇年の小麦の自給率は六七パーセント、さらに増産を進めた結果、自給率が一〇〇パーセントを超え、海外に輸出もしていたのです。戦後、深刻な食料不足により小麦の輸入量が増加し、国産小麦は年々減少、ついに現在の割合になってしまいました。この理由を政府は「小麦は米と比較して収益性が低かったことで生産が不安定だった」と分析していますが、この説には疑惑を抱かざるを得ません。戦後、本格的に始まった学校給食の主食にパンが採用されました。これは、戦勝国のアメリカが日本の子供たちをパン食に慣らし、小麦の消費量を増やすための〝戦略〟だったと思えてしまうのです。

二〇〇八年、世界は深刻な食料危機に陥りました。小麦の価格が倍近くに上昇、それに伴って米の価格も高騰し、開発途上国では餓死者が出て、各国で暴動が起きたのです。それから一四年が経った二〇二二年、世界はＣＯＶＩＤ‐19の感染拡大、異常気象、ウクライナ紛争という複数の要因によって再び食料危機の時代に突入しています。アメリカ・シカゴの小麦先物相場は、すでに二〇〇八年の世界食料危機の時の最高値を一度超えています。日本にとっても当然、対岸の火事ではありません。しかも中国での小麦需要が高まり、「爆買い」状態になっています。中国との価格競争に負けて、小麦を売ってもらえなくなる可能性は、思っている以上に高いのです。小麦だけでなく、大豆でも同じように中国に買い負けているのです。これが、繰り返し説明している「食料は戦略物資」という現実にほかなりません。

食料自給率が低いということは、国民の命綱である食料が他国任せになっているということ。輸出国から「もう売らない」と言われたら、食べるものがなくなり、国民が飢えてしまいます。国民が飢えに苦しむような事態に陥ったら、それは国家の危機です。日本は瑞穂《みずほ》の国と呼ばれるくらい農業が盛んな国だったのに、どうしてこんなことになったのかというと、私は高度経済成長期の経済学者たちに責任があると思っています。

一九七〇年代、好景気に沸いた日本では「もっと多くの外貨を稼ぐ方法」ばかりに目が向いていました。そうしたなかで経済学者が提唱したのが、「日本の国土は狭いにもかかわらず、農地が占める割合が高い。これからはどんどんものを作って諸外国に輸出して外貨を稼ぐべき」という説でした。つまり、農地を潰して工場を建て、さまざまな製品を作って輸出して外貨を稼ぎ、食料は発展途上の国々から安い農産物を買えばいい、という暴論です。当時、私はたまたまついていたテレビで著名な経済学者が偉そうにこの説を述べているのを見て、思わず手元にあった布巾を画面に投げつけてしまったことがあります。確かに、その時はよかったかもしれません。しかし、二〇年先、五〇年先、いや、一〇〇年先はどうなっているでしょう。経済学者を名乗りながらあまりにも近視眼的で未来を見通すことができない彼らに憤慨しましたが、どういうわけだかその暴論は採用され、その結果が今の姿――どんどん農地が減り、食料自給率は下がり、食料を諸外国に依存する国――になってしまいました。しかも、食料だけでなく肥料も、種苗も、さらにいうなら家畜を育てるための飼料も、農機具やハウス栽培などに欠かせない燃料も、他国に依存しているのが今の日本の姿です。これで国民の命を守ることができるのか。「今」だけでなく、先々のことを見据える視点が必要ではないでしょうか。

④世界の潮流と日本の現実

肥料の原材料の価格が高騰して農業が苦境に陥っているのは日本だけではありません。世界中で同じことが起きています。その動きに伴うように、改めて注目が集まっているのが、有機農法です。とくに欧州では化学肥料や農薬の使用を禁止している国もあり、厳しく定められた有機農法の基準に沿った食料にはオーガニック認証を与えることによって国が品質を守っていることが通常になっています。こうした国々では化学的に合成された肥料だけでなく農薬の使用、遺伝子組み換え食品、ゲノム編集食品の規制が厳しく、市場から消えていくのも時間の問題です。

こうした流れは欧州だけではありません。隣国の韓国では一九九〇年代後半から国策として有機農法が振興され、二〇二一年からソウル市のすべての小・中・高校で「オーガニック無償給食」が実施されることになりました。

一方、日本ではどうかというと、「お寒い」という言葉しか出てこない現状です。農薬の使用は世界的に減少傾向なのですが、日本だけは使用量が増えていることをご存じでしょうか。ＦＡＯ（国連食糧農業機関）の統計によると、農地一ヘクタールあたりの農薬使用量は中国が一三キロと圧倒的に多いのですが、それに次ぐ二位は日本で、その量は一一・四キロと中国との差はわずか。それどころかいずれ中国を抜いて一位になる可能性も指摘されています。広大な農地に飛行機で農薬を散布しているニュース映像を見たことのある世代は、農薬使用量の多い国というとアメリカが浮かんでくるようですが、実際はその使用量は日本の五分の一しかなく、ヨーロッパの国々もイギリスは日本の四分の一、ドイツ・フランス・スペインは三分の一、スウェーデンは二〇分の一しか農薬を使っていません。有機農法が盛んなヨーロッパ以外に目を向けても、ブラジルも日本の三分の一、インドに至っては三〇分の一という低さなのです。とくに私が問題視したいのは、大量に使用されているネオニコチノイド系農薬のことです。この農薬の特徴は浸透性が強く散布回数をおさえられるため「人にも環境にも優しい」とされていましたが、浸透性が高いということは人体への影響も大きいということ。そのためヨーロッパでは規制強化が進み、その潮流はアメリカ、ブラジル、台湾、韓国、中国にも広がっています。ところが日本ではそうした流れに逆行するかのようにネオニコチノイド系農薬の使用量が増えているのです。しかも、厚生労働省が定めたネオニコチノイド系農薬の残留基準値は欧米に比べておどろくほど緩く、農薬が残りやすい緑茶を例にとると残留基準値はＥＵ基準の六〇〇倍という驚異的な数字になっています。

改めてネオニコチノイド系農薬について説明すると、この農薬は人間を始めとする脊椎動物より昆虫に対して選択的に強い神経毒性を持っていることから「人には安全」とされていました。しかし、この新しいタイプの農薬が世界中で幅広く使用されるのと同時期に、世界各国でハチの大量死が確認されます。ハチは花粉を媒介するため、農業にとって不可欠な存在ですから、そのダメージは計り知れません。世界各国でネオニコチノイド系農薬の使用規制が進んだのは、ハチの大量死がきっかけでした。しかも、発売当初は人体への影響がわかっていなかったのですが、使用が進むにつれて「農薬散布と同時期に体調不良を訴える患者が増加する」という事例が増えてきました。そして、EUで食品の安全性などを評価するEFSA（欧州食品安全機関）から「人間の脳や神経の発達に悪影響を及ぼす恐れがある」との見解が示され、脱ネオニコチノイド系農薬の流れが進んでいったのです。さらに、脳を毒物から守る器官が未発達な胎児や幼児には影響が大きく、脳内のさまざまな部位の正常な神経回路形成を阻害し、自閉症やADHD（注意欠陥・多動性障害）を引き起こす可能性も示唆されています。

二〇一九年、衆議院で、川内博史衆議院議員（立憲民主党）からネオニコチノイド系農薬に関する質問書が提出されました。日本のネオニコチノイド系農薬の残留基準が海外に比べて「桁違いに」ゆるいこと、そればかりかEUでは未登録の農薬も多いことを指摘した上で、残留基準を世界レベルの基準と同等以上に厳格化する考えの有無を政府に問い質していました。しかし、ネオニコチノイド系農薬の残留基準に対する政府側の答弁は、「食品の安全性確保の観点から適切なものと考えており、現時点では見直すことは考えていない」という呆《あき》れたものでした。

国民の命よりも経済を優先させた――そう受け取るのが当然ではないでしょうか。

今や、食に関して国に対する信頼感はゼロに等しい、私はそう思っています。だからといって私たちはどうすることもできません。一人ひとりが立ち上がって革命を起こそうとか、そういうことを言うつもりも毛頭ありません。しかし、たとえ小さな力でも、変化を起こすことは可能なのです。

食べることは心身の健康に直結する、非常に重要なことだというのに、安全性を疑わざるを得ない実態が見えてきたのではないでしょうか。そうしたなかで家族を守るために食べるものを選び、調理していくことがいかに重い任務かということも、理解できたのではないかと思います。女性はこうしたことがわからないというつもりは毛頭ありません。しかし、曖昧にされている真実を探りあて、正しい情報を得て、良質な食べ物にたどり着くという困難を女性だけに任せるのはパートナーとしてあまりにも無責任ではないですかと、世の男性に問いたいのです。

今こそ再確認したい〝家庭〟の大切さ

ここまで「食料は戦略物資」だと繰り返し述べてきました。世界のあらゆる国々で他国を支配するために食料が使われていることも、すでにおわかりかと思います。しかし、だからといってこの考え方に心から賛同し、「その通りだ、日本も食料を戦略物資として扱い、世界に対抗すべきだ」と思える日本人は、少数ではないでしょうか。

私たち日本人のなかには、親の代、それよりさらに上の代から「食べ物は神様からの授かりもの」という考えがしみこんでいます。それはDNAに刻みつけられていると言われたほうがすんなりと納得できるほど、科学的な根拠とか合理性を超越していると言えます。長い歴史のなかで自然に抗《あらが》うことなく、自然を崇めて生きてきた私たちには「お互い様」の精神が宿っています。いつ我が身に降りかかるかわからない自然災害によって苦境に陥っている人を放っておくことなどできるはずもなく、ましてやそうした人たちに食料を売りつけたりはしない、それは日本人の矜持《きょうじ》と言えるのではないでしょうか。

今、世界は食料危機に巻き込まれています。それをビジネスチャンスと捉える国や商人は多く、いつ食料をめぐって争いごとが起きてもおかしくないのが現状ですが、この考えに馴染めないのが日本人ではないかと思うのです。

しかし、だからといって世界の動きを無視していいというわけではありません。情勢は目まぐるしく動き、何も知らずに油断しているといつ足元をすくわれるかわからない、どんなものを食べさせられるかわからないのが今の世界の状況なのです。

私が〝食〟を大切にしてほしいと願うのは、それが自分の、そして自分の大切な人たちの命と健康を守る最後の砦だから、という理由があります。

いまや〝食〟についての問題はあまりにも範囲が広く、奥深く複雑で、しかも困難な状況にあります。自分と大切な人たちを守る最後の砦が、気づかないうちに断崖絶壁に追い込まれているような、放っておくことなどできない状態なのです。

もはや、「キッチンは女性の担当だから」とばかりにパートナー一人に押し付けておけばなんとかなるような甘い状況ではありません。この切迫した状況を乗り切るには、家族が協力し、家庭を守らなければならないのです。その第一歩が、男性もキッチンに入り、料理するということなのです。

ここからは今の時代、なぜ家庭が大切なのかを解説していきましょう。すでに家庭を持っている人は、これを機会に自分の家庭を振り返り、改善していく点を見つけてください。シングルの人なら、いずれ家庭を持った時のための予習をするつもりで、家庭のあるべき姿を学んでほしいと思います。家庭の姿がよい形で整えば日本の社会が変わっていく、私はそう信じています。

①家庭は社会の最小単位

〝社会〟という言葉は、古代中国で土地に宿る神を表す「社《やしろ》」という文字と、出会いを意味する「会」という文字からできています。「会」は「あつまる」という意味もあり、この二つの漢字を組み合わせたことで〝社会〟という言葉には異なる土地の神を持つ人同士が出会い、集まって一つの共同体を作る、という意味が生まれました。

社会というと国や地域、学校、会社といった大きな単位を思い浮かべますが、家庭も同じように育ちも価値観も異なる者同士が出会い、集まり、共同体を作るという意味で

〝社会〟の一つだということ。そう、家庭は最も小さな国であり社会なのです。

前項で私は「国家には国民を食べさせなければならない・飢えさせてはならないという責務がある」という話をしました。一人ひとりの健康と安全を守ることが何よりも大切だし、時にはそのために命を賭けなければならない、それが社会の役割だと考えます。そして、叡知を結集して無益な争いを避けることも重要になります。これは社会の最小単位である家庭でも同様で、構成員である家族を決して飢えさせないこと、知恵を絞って命と健康を守ることが家庭の役割なのです。家庭という最小単位の社会で、それを構成する家族たち――子供やお年寄りもいるかもしれません――を守ることができなかったら、到底その上にある大きな単位の社会、地域の共同体、そして国家を守ることはできないでしょう。

家庭でのことは極めてプライベートで、外の世界――いわゆる世間とは関係ないと思う人もいるかもしれません。社会と家庭は別物という考え方の人や、他人に迷惑をかけなければ何をやってもいいという極端に自分本位な考え方をする人が増えているように思えてなりません。しかし、繰り返しますが最小単位の社会である家庭は、最大単位である国家と繋がっています。家庭で行われていることはささやかで他人には見えないものだと思うかもしれませんが、それが原因でいずれ国が変わってしまうことが現実にあるのです。

たとえば、前項で国が農家に対して米の減作を指示していると指摘しました。これは国民一人ひとりの米を食べる量が減っていることが原因です。ご飯を炊くのが面倒だから朝食はパンにするという、小さな選択が積み重なって米の生産量が減り、主食が米から小麦に変わり、小麦の自給率が極めて低いために外国産頼みになり、気づいた時は国民の主食を海外に依存する国になってしまいました。米をめぐる深刻な事態の始まりは、「各家庭で米を食べなくなった」ということなのです。こうしたことが、さまざまな局面で起きていることを、私たちは自覚し、家庭を守る覚悟を新たにする必要があります。

私は決して「男は家長として命に変えてでも家族を守る責務がある」ということが言いたいわけではありません。この複雑で困難な情勢のなかでは、家族を守るのは父の役割・家事をして家庭を切り盛りするのは母の役割、といった旧態依然とした役割分担をしている余裕などありません。父であろうと母であろうと、男女の関係なく大人がタッグを組んで家族を守る、それがこれからの社会を生きていくために欠かせない家族の新しい形だと考えます。

「家族が大切」というと、威厳のあるお父さんと優しく献身的なお母さんがいるという、いまではドラマでも見ないような古き良き日本の家庭を思い浮かべ、ノスタルジックな気分になるかもしれません。しかし、私が提唱したいのはそうした家族像ではなく、厳しい社会を生き抜き、そして社会を変えていく小さな一歩となる集団です。そのために何が必要なのか、どう変えていくべきなのか、それぞれが考え、最良の結論を出し、それに向かって進んでほしいと考えています。

②父親の存在感・母親の存在感

かつての日本には、それぞれの家庭ごとに独自のスタイルがあったように思えます。日本の家庭像という価値観は共通していたものの、たとえば私が子供の頃、父は穏やかで子供の話もよく聞いてくれる人でしたが、隣家のお父さんは家族の話に耳を傾けることなど一切しない頑固親父で、しょっちゅう子供を怒鳴る声が聞こえてきたものです。

母親像も同様で、自分の意見をほとんど言わず何をするにも夫の言う通りにする人もいましたし、従順な素振りを見せつつ自分の思い通りにしてしまう人、ズケズケとした物言いで夫を意のままに操る人もいました。どの家庭にもそれぞれスタイルがありましたが、その上で父親の役割や母親が担うべきことは共通していました。それが、「父親は外で稼いでくる」「母親は家庭を取り仕切って子供を育てる」という明確な役割分担でした。

しかし、現代は家庭の形もさまざま。両親が揃った家庭があれば、両親だけでなく祖父母の代までいる家庭もありますし、片親だけの家庭もあります。両親の性別もさまざまで、男同士、女同士のカップルが親として存在している家庭もあります。外との関わり方を見ても、昔と同じく父親が稼いで母親が家庭を守る家庭もあれば、両親が揃って外で稼いでくる共働きの家庭もありますし、母親が稼ぐ役割で父親が家庭を守る役割という家庭もあります。家庭像が多様になるのと同時に、かつては明確だった父親と母親の役割分担が不明瞭になってきました。それはいい面があると同時に、悪い面もあると感じています。

誤解していただきたくないのですが、私は、「昔ながらの家父長制度に戻るべき」という考えは持ち合わせていません。繰り返し述べているように、家庭が社会の一単位である以上、権力の一極集中は避けるべきだと思うのです。昔は父親が家庭での権力を掌握し、絶対君主のように君臨する家庭が珍しくありませんでした。「一家の主人」「大黒柱」という言葉は一見頼もしい父親像を表しているように見えますが、実際は独裁者のような夫が家庭を支配し、妻や子はその横暴にひたすら耐えなければならないという、理不尽な家庭も多かったのが事実です。こうした家庭がどんな顛末《てんまつ》を迎えるのか、それは大きな社会で起きていることを見ればすぐにわかります。歴史が証明するように、一部の層が権力を掌握する社会は、ロクな結末を迎えません。よほどの辣腕なら違う結果になるかもしれませんが、ワンマン社長が経営する会社は業績が悪くなったりパワハラなどが横行しがちですし、創業者の一族が上層部を独占するような企業では会社や従業員を私物化するという問題が起きやすく、世間の反発を買って業績が落ちてしまうこともあります。さらに大きな単位である国家を見ても、独裁者国家が悲惨な結末を迎えてしまう例は枚挙にいとまがありません。

大きな社会で一部の層が権力を握ってしまうことがよい結果を招かないのと同様に、小さな社会である家庭も一部――たいていの場合は父親――が権力を握ってしまうのは、もはや正しい姿ではないのだと言えます。

古い価値観に縛られて、やはり父親が威厳を持って家族を導くべき、などと絶対権力を容認するような考えにとらわれる人は、残念ながら今の時代にもいます。しかし、誰が一番偉いか、誰が最終決定権を持つかという、言ってみればどうでもいいことよりも重要なことは、家庭を構成している家族を守るということ。とくに子供は多くのことを自ら決定できず、自分はどうするべきかを親に委ねることしかできません。親は、家族のなかで圧倒的に弱い存在である子供を守る責務があります。それは父親も母親も変わりありません。本来なら、親に行き届かない部分があったとしても、共同体が足りない部分を補い、子供を守るような社会が理想的ですが、残念ながら現実はそうなってはいません。そうした状況では「子育ては母親の仕事」などと言っている場合ではなく、両親が一丸となって子供を守るべきなのです。

子供を守るとは、適切なサポートを超えて必要以上に保護して本来子供がするべき体験を遠ざける、いわゆる過保護のことではありません。なにより重要なのは、子供の命と健康を守ることなのです。

インターネットからテレビ、新聞まであらゆるメディアから雪崩《なだれ》のように情報が押し寄せてくる時代です。この中から正しい情報を見極めることは簡単なことではありません。政府の見解でもどこかのメディアでもいいから、ここからの情報なら信頼できるというものがあればどれほどいいかわかりません。しかし、現実はそうなっていないのですから、親が情報を取捨選択する必要があります。子供の命と健康を守るためには何をして、何を省いたらいいか、膨大にある情報の中からそれを選びとるのは至難の技であるということを、すでに日々感じているのではないでしょうか。とくに食べ物に関する情報は、命と健康に直結する重要な情報です。なかには、知っておかないと命と健康を守ることさえ難しいという情報がいくつも紛れ込んでいます。ところが、政府もマスメディアも、都合の悪い事実は隠しているのが現実です。その代わりに聞こえてくるのは、「これを使えば簡単でおいしい」「面倒な手間入らず」「子供が喜ぶ」といった耳触りのいい話ばかりです。

政府が不都合な真実を隠蔽しているなら、本来はマスメディアがそれを暴き、正しい情報を伝えるべきなのですが、残念ながらそうなってはいません。だからこそ、親が落とし穴のような誤った情報を避け、真実を伝えている情報を見つけ出し、そして決定していくしかありません。こうした日々の選択と決定の一つひとつは、たとえば買い物に行った時に安価な外国産と割高な国産のどちらを選ぶか、加工食品を買う時に裏返して表示を確認するかなど、どれもささいなことばかりです。そうした小さな選択を繰り返し、そして何を買うか決定する。正しい情報をベースにした上で日々小さな積み重ねを続けることが、子供だけでなく家族の命と健康を守ることに繋がっていくということを、大人たちは決して忘れてはなりません。

「今日の夕飯は何にしよう」と考えた時、「まずご飯を炊こう」と米びつに向かうのは、決定という言葉に似合わないくらい小さなことに思えるかもしれません。しかし、この小さな決定を積み重ねることで米の消費量が増え、国の農業政策が変わるきっかけになる可能性もあります。家庭という小さな単位の社会で起きていることは、やがて大きな社会、すなわち共同体や国家を変えるうねりを作りだします。玉石混淆《ぎょくせきこんこう》の情報が錯綜《さくそう》し、うかつに誤った情報に飛びついてしまうと重大な結果を招きかねない時代だからこそ、「父とはこうあるべき・母はこうあるべき」などという旧態依然とした役割分担の考えではなく、一丸となって家族の命と健康を守るために情報を選びとり、決定していってほしいと思います。

③女性だけに任せない

私たちは意識していないだけで、日々小さな選択と決定を繰り返して生きています。朝起きれば何着かある服の中から今日着るものを選んで決めるし、何かを買うとなったらたくさんある商品の中から選び、買うものを決めます。生きていくこととは選択と決定の連続だということは、なにも今に始まったことではなく、先祖たちもそうして生きてきたことに違いはありません。ただ、先祖の時代にまで遡らなくても、今の大人世代が子供だった時代でさえ、選択と決定はそれほど難しいことではありませんでした。なぜならそもそも選択肢も情報も少なかったから迷いようがなかったのです。ところが今は違います。インターネットの時代になり、情報量は格段に増えました。さらにSNS

の時代になると、一般人が発する情報も加わり、あまりにも膨大な量の情報が飛び交うようになったのです。売る側は都合の悪い情報は決して表に出しません。そのかわり、便利だとか簡単だとか、魅力的な情報は飽きるほど流します。それが偏ったものであることに気づかず、入ってくる情報だけを元に選択をするのはとても危ないことであるにもかかわらず、その危険性にすら気づかない人のなんと多いことか。前項でも述べましたが、いまや情報の正確さで健康が左右されるにもかかわらず、正しい情報に繋がるのが難しい時代になってしまいました。そうしたなかで、「料理は女性の役割」という古い考え方から女性にすべてを任せてしまうのは、家族の命と健康を守る責務を背負う大人としてあまりにも無責任だと言わざるを得ません。この大事な局面で、家族が一丸となって協力しあわなければ膨大な情報量に太刀打ちすることは不可能だと言いたいのです。

忘れてはならないのは、あなた自身も当事者だということ。「家事を手伝う」「たまには料理でも」といった傍観者感覚ではなく、当事者という覚悟を持って家庭の食に臨むことを始めてもらいたいのです。そのための第一歩が、食に関する正しい情報を集めることだと認識してください。

何度も言うように今、日本の〝食〟にまつわる状況はかなり危機的な段階に来ています。しかし、このような事態になってしまったのは目先の利益ばかりを追い求めた企業や、それを許した国だけが悪いのでしょうか。国民の一人ひとりが「これでいいや」とか「こっちのほうが便利じゃないか」などと受け入れてしまったことも原因の一つだと私は思うのです。

しかし、だからといってもう手遅れというわけではありません。今の状況を生み出してしまった責任をとるために正しい情報の収集、そして選択と決定を始めることで、マイナスを取り戻すことはできるはずです。それが社会を構成する一員としての責任ではないかと、そう思えてなりません。

④家庭での食事の大切さ

「食事」という言葉は、私たち人間が生命を維持するためにものを食べることを表しています。一方、同じ読みで「食餌」という言葉もあります。これは単に食べ物のこと。さらに読んで字のごとく、動物が食べるエサを意味しています。このように、人がものを食べることは「食餌」ではなく「食事」の文字を当てるのですが、これが食事なのだろうか……と思ってしまうことがたびたびあります。たとえばファストフードやコンビニなどで売られている弁当、電子レンジで温めただけでたちまち出来上がる冷凍食品やチルド食品、閉店間際のスーパーで買ってきた惣菜などなど、「食餌」の文字を当てたほうがふさわしい食べ物が、身近にたくさんあるのが今の時代です。

そうしたなかで「何を食べるか」ということは非常に重要になっています。しかし、こうして「食事が大切です」と言うと、いつの間にか栄養素やカロリーの話になってしまうことが多々あり、困惑せざるを得ません。食事は食べ物を食べて栄養補給をするだけのものでは決してありません。もしそうだとしたら、サプリメントやシリアルバーなどの栄養調整食品を食べればいいということになってしまい、それでは「食餌」になってしまいます。

確かに食事は生命を維持するため、健康を守るために欠かせません。しかし、栄養が補給できていればそれでいいというものでは決してありません。「食事」にはむしろ、栄養補給以外の重要な要素が含まれているのではないでしょうか。とくに家庭の食事はそうだと思います。

家族で食卓を囲み、同じものを食べながら嬉しかったことや新たに発見したことなど今日あった出来事を話したり、あるいは悩んでいることや困ったことを打ち明けたりする家族のコミュニケーションの時間は、とても大切なひとときであるはずです。昔は「食事の時は食べることに集中して黙って食べるべし」という考えを強要する厳格な父親もいたそうですが、これはとんでもない間違いだと言わなければなりません。また、「そうした話は食事以外の時間でもできるはずだ」というのも大きな間違いです。

人は食べる時に素の状態になります。たとえそれまで緊張状態だったとしても、食べ物を口に入れ、味わううちにふっと張り詰めていた気分がほぐれることがあります。そうした時は、ポロッと本音が出てしまうもの。とくに家族との食卓は素直な感情が出てしまうものではないでしょうか。それなのに、食事中にテレビをつけっぱなしにしている、スマホを手放さないなどの「ながら食べ」をしているのだとしたら、それはなんと愚かなもったいないことでしょう。仮に大事な連絡が入る、見ておかなければならないニュースがあるということなら、それは食事のあとにするべきです。

食事をしながら家族でコミュニケーションをとることで今まで見えなかった一面を発見したり、そのことで成長を感じたりすることは、家庭を出てもう一段階大きな社会に入った時に他人と気持ちを通じ合わせるようなコミュニケーション能力をつけることにも繋がります。そして、自分のことを話したい、聞いてほしいという気持ちが育まれれば、それは自分らしく生きていくことにも役立つのです。

仕事が忙しくて帰りが遅くなるため、家族揃って食卓を囲むのが難しいという家庭もあるでしょう。また、子供がある程度の年齢になると、塾や部活動で帰りが遅くなり、一緒に食事ができない場合もあるかもしれません。しかし、たとえば週に一回はみんなで夕飯の食卓を囲む、朝食だけは揃って食べるなど、工夫をすれば家族揃って食事をすることは可能なのではないでしょうか。忙しいから無理と早々に諦めず、家庭の状況に応じたルールを決めてもよいではありませんか。

家族で食卓を囲む時、ぜひ取り入れていただきたいのは「子供にも役割を持たせる」ということ。たとえば箸を並べる、ごはんをよそう、配膳する、食べ終わった食器をキッチンまで運ぶ……など、年齢に応じた役割を持たせることは、食事を整えることに参加させるという意味があります。なにより、親が助かります。その時「ありがとう」と伝えると、子供は自分が必要とされているという実感を持ち、喜びを感じます。これは社会に出た時に必要な「自分は社会で役に立つことができる人間だ」という自己肯定感のベースになってくれます。自己肯定感を持つことができれば、何があってもすり減らされて自分を見失ってしまうこともなければ、必要以上に自己嫌悪に陥ったり、卑下したりすることもなくなります。これは心の健康と、命を守るためにとても大切なことなので、ぜひ取り入れてくださいね。

⑤安全な食べ物は家庭でしか食べられない

私たちは食べ物がなくては生きて行くことができません。命を繋ぎ、健康な心身を作ってくれるからこそ、食べ物のことを決しておろそかにしてはならず、適当に選ぶなどもってのほかです。本来、私たちが口にするものは安全であることが大前提であり、絶対条件であるべきなのですが、日本の現状を見てみると、悲しいかな、それが完璧に実現できている状態とは言えません。

私たちの親の代に比べれば、食事をすることは驚くほど簡単になりました。家に食べるものがなかったとしても、早朝であろうと深夜であろうと、空腹を満たすものを買うことができます。いつでもレストランの料理を自宅まで運んできてもらえるし、安い値段で外食することも可能です。料理をする時間がない時はスーパーに行けばバラエティに富んだ惣菜が手に入るし、労力をできるだけ省いて料理するためのカット野菜やプロ顔負けの味付けが完成するという触れ込みの合わせ調味料もたくさんあります。しかし、これを「便利な世の中になった」と喜べるでしょうか。これらの食べものには、合成保存料などを始めとする食品添加物が山のように使われています。もちろんどの添加物も国が安全だと認めたものですが、そのお墨付きは果たして信じられるものなのでしょうか。それだけでなく、遺伝子組み換え食品やゲノム編集食品などは表示もされていないことが多く、気づかないうちに食べてしまうこともあります。

今の日本人は、こういう食品に慣れてしまい、違和感を持たなくなっているように思えてなりません。スーパーやコンビニにカロリーゼロを謳う人工甘味料を使った飲み物が大量に並んでいる光景は、日本人の鈍感さを示す一例のように見えます。

自分と家族の命と健康を守るために、食品添加物も遺伝子組み換え食品もゲノム編集食品も遠ざけたいと思ったら、自分で選んだ食材を使い、自分で作るしかありません。このことは、一刻も早く、そして一人でも多くの方に始めてほしいと思っているのですが、一つだけ覚えておいてほしいのは、安全な食材を使って料理しているからといって、必ずしも家族が「おいしい！」と喜んでくれるとは限らないということ。人間は習慣の生き物なので、慣れ親しんだものに依存しがちです。とくに味覚はその傾向が強く、たとえば化学調味料に慣れてしまうと、昆布やかつお節できちんととった出汁が物足りなく感じるのです。人工甘味料に慣れてしまうと、自然の素材が持っているかすかな、ほのかな甘みを認識できなくなってしまう、そうした人が増えています。だからといって、これを放置していいわけがありません。時間がかかっても化学調味料や人工甘味料の危険な味に慣れてしまった舌をリセットして、正しく安全な味に対して「おいしい」と感じ取れる舌に修正しなければならないのです。言ってみれば味覚の矯正ですが、これができるのも家庭だけだということは、もうお気づきのことでしょう。とくに子供には危険な味に慣れたり、それがおいしいと感じる舌になったりしないように、幼い頃から安全なものを食べさせ、その味に慣れさせることがとても重要です。

私は一九九五年に東京・代々木上原に「キヨズキッチン」をオープンさせ、オーガニックの普及に努めてきました。それからもう二七年が経過しましたが、あの時点でもっと多くの方々の理解を得ることができ、その方たちが自分なりの実践に結びつけてくれていたら、今頃何も考えず、誰もが常に安心して食事ができる環境を作り出せていたのかもしれません。それを思うと、私の人徳のなさと努力の足りなさを痛感し、恥じいる思いです。だからこそ、本書がさまざまな意味でラストチャンスになるのではないか、そんな気がしています。

⑥食事の〝機会〟という考え方

「食卓を囲む」や「同じ釜の飯を食う」など、日本語には誰かと一緒に食事をする場面を表す言葉があります。これらの言葉は食事を共にすることで繋がりや絆、仲間意識が生まれ、関係性がより深くなることを体感しているからこそ生まれた表現ではないでしょうか。先の項で家族揃って食事をすることの大切さを説きましたが、仕事仲間や友人いますなど、親しい人たちと一緒に食事をすることも、同様に大きな意味があると私は思っています。

さほど親しくない間柄の相手だとしても、一緒にものを食べるとなると、必ずそれぞれが無防備になる瞬間があります。おいしい、おいしくない、または好き、嫌いなど、食べ物を味わううちに素の状態になってしまいます。相手の腹を探ったりする必要もなく、感情を読み取ることさえできます。食卓を一緒に囲む、同じ釜の飯を食べるということは、お互いが空腹を満たすだけでなく、食事を共にすることによって共通認識が深まったり、理解が進んだりすることに大きな意味があるのです。ＣＯＶＩＤ－19の感染拡大により、「三密を避ける」としてたとえ同じ職場の仲間など親しい間柄だったとしても、同じテーブルを囲んだり食事しながら会話したりすることが禁じられるようになりました。ただ食事の仕方が変わっただけ、食べるものが変わったわけではありませんが、昼休みが楽しいものではなくなったと感じる人は、きっと多かったのではないでしょうか。

今まではそれほど意識していなかったかもしれませんが、誰かと一緒に食事をするということは、大げさではなく人生において大きな意味を持つ体験なのです。もちろん、何を食べるかということは、とても重要でおろそかにするわけにはいきません。安全で良質のものを選び、食べてほしいと思います。しかし、それと同じくらい、誰と食べるのかということも大切なのです。

ライフスタイルや体調によって一日一食の人もいれば三食の人もいるでしょう。いずれにしろ、毎日食事をすることは私たちがこの世に生まれてから当たり前のように繰り返し行っていることです。しかし、改めて考えてみてほしいのは、「あと何回食事をするのか」ということ。

一日三食で考えてみると、一年間で一〇九五回、一〇年間で一万九五〇回です。生まれてから八〇歳になるまでの食事回数は、八万七六〇〇回になります。乳児期を抜くとこの数字よりも少なくなるし、一日二食、一食が習慣となっている人ならさらに少なくなります。つまり、人は一生で一〇万に満たない回数しか食事ができないのです。

この数字は健康であることが大前提ですから、もし病気になったり体調を崩したりしたら、残された食事の回数はさらに少なくなります。

八〇歳くらいまでは元気に食べ続けるとして、あなたはいったいあと何回食事ができるでしょうか。もしあなたが四〇歳だとしたら、残りは四万三八〇〇回、六〇歳になっていたとしたら、残りわずか二万一九〇〇回しか食事をするチャンスがありません。

そう考えると、誰と、何を食べるかという選択がとても貴重だということがわかるのではないでしょうか。

それなのに空腹を満たすだけのためにコンビニやファストフードで適当なものを買ってきて、デスクで慌ただしく食べたとしたら、なんともったいないことでしょう。

一つひとつの食事の機会を無駄にしないこと。それは家族や親しい人たちとの繋がりを強くし、日々を豊かなものにしてくれます。そして、家庭や友人関係、職場関係という小さな社会が豊かになれば、大きな社会、すなわち国全体が豊かになるのは、間違いありません。

⑦子供に教えるべきこと――「いただきます」と「ごちそうさま」

私がコンビニの前を通り過ぎようとしていた時のことです。店の中から数人の若者が出てきて、駐車場の車止めに次々と腰をおろしました。手には店内で買ったのであろうおにぎりや弁当を持っています。いかにも柄の悪そうな彼らのふるまいに、思わず眉をひそめてしまいました。私はコンビニを利用することはないのですが、どんなものが売られているのかは知っています。安さだけが魅力の添加物が多い食べ物なんか食べなければいいのに……。そんなことを思った時でした。彼らがぼそっと「イッターキヤス」と言ったのが聞こえてきたのです。一瞬遅れてそれが「いただきます」だと気づいたとたん、私はなんだか愉快な気持ちになりました。髪を染め、ピアスもつけた、とても 「いい子たち」には見えない若者でも、そしてそれがコンビニ弁当でも、食べる前には きちんと「いただきます」を言うのだと思うと、柄の悪そうな彼らがなんだかとても可愛らしく、愛おしく思えてきました。それと同時に、「いただきます」という言葉の素晴らしさを改めて痛感したのでした。

食事の前に、日本人は必ず「いただきます」と言います。家庭ではもちろん、レストランなどでも料理が運ばれてくると「いただきます」と言う人は少なくありません。私たちにとって、食事と「いただきます」は分かち難く結びついているのです。しかし、改めて「いただきます」の意味を問われると、「食べ物や神様に対する感謝の気持ち」だと答える人が多いのではないでしょうか。しかし、キリスト教徒が食事の前に捧げる「天にましますわれらの神よ」に始まる祈りと同じなのかと聞かれると、少々違和感を覚えてしまう——それが多くの日本人だと思います。外国人は日本人が食事のたびに「いただきます」というのが不思議なのだそうです。「それはどういう意味なのか」「英語ではなんというのか」と聞いても、その言葉を発した本人も首をかしげるばかりという不可解な状況になってしまうのだとか。つまり、日本人は言葉の意味も正確にわからないというのに、食事のたびに当たり前のこととして「いただきます」を言っているということ。これほどしっかりと根付いている習慣は、他にあるでしょうか。なにやら感動的でさえあります。

「いただきます」は、神道から来た、八百万《やおよろず》の神々に感謝を捧げる祈りが由来となっています。私たちの祖先は、作物が収穫されるとまず実りをもたらしてくれた神に感謝するとともにお供えし、それをお下がりとして人間が食べました。お供えしたお下がりは、頭上に高く捧げ持つ「いただく」という動作をしてから食べていましたが、これがやがて食事の前の「いただきます」に繋がっていったのです。

現代に生きる私たちは、食べ物を得るために苦労したことがほとんどないと言っても過言ではありません。しかし、何代も前の祖先は、作物を必死で育て、収穫することでやっと食べていました。種を蒔いてから収穫までは何カ月もかかる上、その間の天候次第で作物の出来も収穫量も変わりました。日照りが続いて作物が枯れてしまうこともあれば、雨続きでせっかく実った作物がすべてダメになってしまうこともありました。台風が来たり、害虫に襲われたりと、食べられるようになるまでの苦労は多く、過酷を極めたはずです。無事に収穫できるまで、雨が降りますように、降り過ぎませんように、大雨がやみますように、イナゴの群れがきませんようにとひたすら祈ったであろうことも、想像できます。そうした時代を生きた人々にとって、無事に収穫までこぎつけて、目の前に食べ物がある状態はどれほどありがたかったことでしょう。そこに、先祖たちは神の恩恵を、そして人間に対する神の愛を見たのではないでしょうか。

その頃の人間にとって、食べ物は愛の結晶そのものでした。それは人間に対して神がもたらしてくれたものだという意味と、雄しべと雌しべが交わって種になり、それを土に蒔くことで発芽し、花開き、結実して食べ物となる、その営みそのものが愛の摂理だと感じ取っていたのだと思います。作物だけでなく、魚も肉も、同じく愛の摂理により生命が育まれ、次世代へと繋がっていきます。その人智を超えた現象を、私たちの祖先は恐れるのではなく、感謝として受け入れたのです。キリスト教圏の人々にとっての自然は神が創造したもので、神に似せて作られた人間はそれを克服できます。しかし、私たち祖先が信じたのは、自然が神そのものだということ。だから、自然に抗うこともなく融合しようとする。それが日本人にとっての神であり、自然だったのです。つまり、自分たち人間も神の一部であることを知っていたのではないでしょうか。

神という言葉を口にすると、すぐにどの宗教なのか、どの神なのかと構えてしまうのは現代人の悪いくせです。私たち日本人にとっての神は自然そのものを指しています。自然の現象をよく観察し、理解し、自分たちも自然の一部に過ぎないのだと受け止めること。そうした謙虚な姿勢が「いただきます」という言葉に込められているのだと私は考えます。

続いて「ごちそうさま」。これもほかの国にはあまり見られない食後の習慣です。「いただきます」と同様に外国人になんと説明すればよいか、とても難しいものがあります。そもそも「ごちそうさま」はただの食後の挨拶なのか、マナーなのか、それとも食事の終了を告げる合図なのか。どれもしっくりこないように感じます。そもそも「ごちそう」という言葉は、「馳走」と文字が表すように、馬に乗ってあちこち走り回る様子を表しています。つまり、「ごちそう」という言葉には食べる人のために奔走して食材を集めた、という意味があるのです。食事のあとに「ごちそうさまでした」というのは、自分のために苦労して食べ物を集めてきてくれたことに対する感謝から生まれた言葉で、料理を作ってくれた人に対する感謝やリスペクトの気持ちが込められていると言えるでしょう。

私たちの祖先にとって、食べることは決して楽なことではなく、食べ物は常に貴重なものでした。だからこそ、食事ができることだけで神に感謝を捧げるほど幸せを感じていたし、食べ物があることで神の人間に対する愛を感じることができたのです。食事は神への感謝から始まり、そして作ってくれた人への感謝で終わる、それが日本人の食に対する思いだったことは間違いありません。だからこそ私たちの先祖はずっと「いただきます」と「ごちそうさま」を言い続けてきたのです。

時代が変わり、もはや食べ物で苦労することはなくなりましたし、いつでも簡単に食べ物を手に入れられるようになりました。残念ながらその質は別として、という話になってしまうのですが……。ともあれ、もはや「食べ物があるだけでありがたい」という時代ではありません。現に、最近レストランでの食事の際に「客なのだから『いただきます・ごちそうさま』を言う必要はない」だとか、学校給食に対して「給食費を払っているのだから『いただきます』も『ごちそうさま』も不要」などと言う人が増えていると聞きます。すべてのものに神が宿るという八百万の神々を信じてきた日本人がなんという変わり方をしたものだと嘆かわしい気持ちになります。しかし、コンビニ前にたむろして弁当を食べる若者が小さく「イッターキヤス」と言ったように、日本人が持つ美徳が失われてしまったわけではありません。そのことに私は期待したいと思っています。そのうえで、私が強く思うのは、大人たちは子供に対して、ごく自然に「いただきます・ごちそうさま」を言って食べ物に感謝する姿を見せる責任があるのだということ。その姿が子供のなかに自然としみこんでいけば、かつての自分たちがそうであったかのように、「理由はよくわからないけれど、とにかく食べる前には必ず『いただきます』、食べ終わったら『ごちそうさま』を言う」という子供になり、やがてさらに下の代の子供たちに「いただきます」を言う姿を見せることのできる大人になるのではないでしょうか。そうしてこの言葉が次の世代へ、そしてさらに次の世代へと引き継がれていくことを願っています。

第三章

厨房に入って嫌がられる男たち

キッチンに入ることを迷惑がられる男たち

人が生きていくには「衣・食・住」の三つを欠かすことはできませんが、このなかで格段に重要度が高いのが、食。衣住が欠けても直接、命に関わることはほとんどありませんが、食べることができなくなれば、生きてはいけません。しかも、人にとっての食事はただ空腹を満たすためだけのものではありません。健康をきちんと維持する、それどころかさらなるレベルアップもできるものでなければ、食事の意味はなくなってしまいます。

前の章で、私たちを取り巻く〝食〟の現状が厳しいものになっていることを繰り返しお伝えしました。こうした過酷な状況から家族の命と健康を守るため、とりわけ未来ある子供を守るためには一人――多くの場合は女性――に任せていればよいという余裕は、すでに私たちにありません。男は稼ぐ仕事、女は家の仕事、それが役割分担などと言っていた時代はとっくに過ぎ去っています。いまこそ男もキッチンに入り、その手で直接〝食〟に関わらなければならないのです。

とはいえ、男がキッチンに入ることが歓迎されるとは限りません。なかには「料理はアイデンティティなのでそれを奪わないでほしい」「キッチンは自分にとって城なので入らないでほしい」という女性もいるとも聞きます。しかし、果たして本心なのでしょうか。もちろん、心からそう思っている女性もいるかもしれませんが、本音を隠すために良妻賢母の鑑を装っている、なんてこともあるんじゃないかと疑っています。では、隠された本心とは何か。それは「男がキッチンに入るのは迷惑」という一言に尽きます。実際、「夫が料理してくれたことがあるけれど、もうコリゴリ。二度とやろうなどと考えないでほしい」と、なかば怒りを込めながら不満を吐き出す女性が多いことを、私は知っています。

これは男がキッチンに入り、料理をするメリットより、デメリットのほうが大きいと女性たちが感じているということ。その理由をあげていきますので、同じようなことをしていなかったか、胸に手を当てて過去の自分を振り返ってみてください。

・やたらお金をかける

肉料理を作ろうと思ったら最高級ランクの牛肉を五〇〇グラムも買ってくる、魚も専門店に行っていちばん高い魚を買ってくるなど、ここぞとばかりに高級スーパーにいって高い食材を買い込んできて、しかもそれを使い切らない。食材だけではなく珍しいスパイスやハーブ、ソースなどレシピに書いてあるものをすべて買い込んでしまうというのもよく耳にします。売っている店も少なく、たった一瓶を探し求めてあちこちの店をめぐり（パートナーが付き合わされたりします）、ようやく見つけるとどんなに高価でも買い求め、そして鍋に一振りか二振りだけしたら、もうそのスパイスの出番は終了。これを迷惑行為と言わずしてなんと言えばよいでしょう。

それだけではありません。「作るとなったら本格的に」と、プロが使うような道具を買ってしまう男性も少なくありません。レストランの厨房でしかお目にかかれないような大きな寸胴鍋や、中華料理を作るならこれがなければ、と幅が一五センチもあるような巨大な中華包丁を買ってきたり、蒸し物をするからとせいろと鍋をセットで買ったり……などなど、「男の料理といえば高くて無駄なものを買ってくる」という悪いイメージを持っている女性はたくさんいます。それはつまり、すでに苦い経験があるという女性が多いということなのですが……。

無尽蔵に食費をかけられ、なおかつ収納場所に困らない家なら、そんなことも許されるかもしれません。しかし、ほとんどの家庭では一カ月の収入が決まっていて、その中で食費はこのくらいという予算があります。「こだわり」は高級食材や調理器具を使うことではありません。もっと重要な、核となるべきところにこだわるべきなのです。このことはのちほど詳しく説明しましょう。

・時間がかかる

夫に料理を任せると、とにかく時間がかかる。食事の時間になっても食べられない、丸一日キッチンを占拠したあげく完成したのがカレーのみ……。こうした経験から「もうこりごり！　二度とやらなくていいから！」と男性の料理に懲《こ》りてしまう女性がいます。確かに、日頃テキパキと家族の料理を整えている人からすれば、時間ばかりかけて品数が少ないとなったらうんざりしてしまうのも無理はありません。しかし、ここには二つの理由があり、場合によっては大目に見てほしいケースもあるのです。一つずつ説明していきましょう。

まず一つ目は「不慣れ」ということ。これは男に限らず普段からその家のキッチンを使っていない人、たとえば親戚や子供、友人が料理をするとしたら、どうでしょう。いちいち「鍋はどこ?」「しょうゆはどこ?」と聞いてくるに違いありません。そうした煩わしさに加え、自分とは違うキッチンの使い方をされるのも、落ち着かない気持ちにさせられるはずです。調理道具や調味料の配置の仕方やキッチンの使い方に慣れていないということだけではありません。料理自体に慣れていないから、手際が悪いのです。そもそも料理は複数のメニューを同時に仕上げるため、さまざまな作業を同時進行で行うマルチタスクだということに多くの男は気づいていません。米を炊かずにずっとカレーの鍋をかき回していた、肉を焼いたはいいが皿に添える副菜は何も用意していなかった等々、早い話が「もたもたしている」。それがいつもキッチンを切り盛りしている女性の神経を逆なでしてしまうのです。

もう一つの時間がかかる原因は「細部にばかり力を入れてしまう」ということ。たとえばネット動画で蛇腹キュウリという、キュウリの裏表にごく細い切れ目を入れた漬物のレシピを見たとします。すると……やってみたくなるのですね。また、秘伝のタレなるレシピを見つけると、酒大さじ一と二分の一、ショウガの搾り汁が小さじ二分の一といった微妙な分量を厳密に測ろうとします。踊り串という技法を知れば、それをやりたい一心で鮎を買ってきたりするのも、細部にばかり力を入れたがる男性です。華麗な盛り付けにこだわって、いつまでもトマトの配置に取り組んでみたり、ソースをかける角度を探ってみたりするのも時間がかかる原因です。

そうした小技を使うのは、ずっと先のことでいい、むしろあと回しにするべきです。レストランのシェフのような技術の持ち主なら、飾り包丁でも踊り串でも好きなだけやればいいし、高級レストランのような盛り付けをすればいいでしょう。しかし、そこまでの技術がないなら、いたずらに時間がかかるばかりではありませんか。そもそも家族と食べる家庭料理に細かい技法が必要ですか？　必要もないことにこだわるから、女性はうんざりしてしまうのです。

・片付けない

「男性が料理したあと、食材の切れ端や汚れたフライパンや鍋、調理道具でキッチンが荒れ果てている」というのは、男の料理が迷惑がられる理由の筆頭です。とくに作り慣れていない人ほど、「作るのはいいけれど、後片付けは嫌だ」という自分勝手を言いがちです。それどころか「こっちが作ったんだから、後片付けはそっちがやるのが当然」と宣《のたま》う男性もいるようで、それならパートナーが作ってくれた時は片付けをしているのかと問い詰めたくもなろうというものです。

料理の経験がない人ほど、「料理」とは食事を作って出せば終わりであると考えているようですが、それは大きな間違いだということを、まずは理解する必要があります。食材を調達し、それらを料理に合わせて下ごしらえし、調理し、食器に盛り付けて出す、その一連の作業を「料理」というのです。そして、「片付け」はその一つひとつの工程で必ず行うのが本筋だと認識を改めていただきたいと思います。料理をしない人は「作るのはおもしろいけれど、片付けは面倒」ということを言いがちなようですが、「作る」も「片付け」も料理のなかではひと繋がりだと考えてください。

むいた野菜の皮も、ソースまみれになったボウルも、油で汚れた鍋やフライパンも、すべてシンクに放置していて、そこに食事が終わったあとの食器を運んできたら、それはうんざりするのが当たり前でしょう。そのように荒れ果てたキッチンを放置され、片付けを押し付けられる側に立って考えてみたら、「もう二度とキッチンに入らないで」と言い放つ気持ちも少しは理解できるような気がしませんか。

料理をしようと思うなら、「でも片付けは別」とは思わないこと。片付けもしっかりこなすことが、キッチンに立つ者の義務なのです。一流のシェフは片付けも一流です。この本で私がお伝えしたいのは、無償である家事労働も、きちんとした「仕事」だ、ということです。片付けも仕事のうち、という考え方を持ちましょう。

・偉そうにする

男性が料理をしようと思った時、そこには必ずといっていいほどきっかけになる出来事があります。それが身近な男性が料理の楽しさに目覚めたというエピソードを聞いた、食に対する問題意識を持つようになったというケースもありますが、なかには男性有名人の料理動画を見たり、著名な男性シェフの料理にまつわるエッセイを読んだりしてすっかり感化されたのがきっかけ、というケースもよく耳にします。前者の場合は「自分もやってみよう」というシンプルな動機付けになりますが、後者の場合は料理にまつわるうんちくやら食に関する哲学から入ってしまうことがままあります。やれ鍋の材質の違いだとか、包丁の種類がどうとか、スパイスの産地がどうの、野菜の切り方がこうのと、聞きかじりの知識で頭がいっぱいになっているのです。男性は女性よりうんちくや豆知識が好きだという傾向があるため、新しいことを知ってワクワクしてしまいます。

今まで知らなかった知識が入ってくることによって料理が楽しくなるのなら、素晴らしい！　と言えましょう。ところが、その知識をひけらかすようになったら、これはいけません。それをパートナーに言ったのだとしたら……これは目も当てられません。しかし、この愚を犯す男性は多いのです。「ああ、そんな切り方しているの？それじゃおいしさが逃げちゃうよ」「塩の量が少ないんじゃない？」「このメニューにニンジンを使うのはナシだなぁ」などなど、まさに上から目線で偉そうに言ってしまう男性が多いというのもよく聞きます。言われたほうが頭にくるのも致し方ありませんね。これは自戒をこめて申しますが、男性は得てして教え魔になりやすい傾向があります。横から口出しされて嬉しく思ってくれる人は稀だということも知っておきましょう。誰だって、自分が日頃取り組んでいる仕事に対して、何もわかっていない新人に偉そうに忠告などされたら頭にくるでしょう。家庭料理も同じです。これまで家事労働を分担してこなかった男性は、ここは謙虚に、まずは先輩を立てて、何か思うところがあったとしても、それをグッと飲み込んで振る舞うべきではないでしょうか。

・勝手なことをする

ここまであげてきたさまざまな「怒りポイント」を踏み抜かないように注意しつついざキッチンに立つと、そこで起きているさまざまな問題点に気づいてしまうことがあります。たとえば調味料や調理道具の収納場所が使いづらいとか、ものの配置が動線に沿っておらず、動きに無駄が出てしまうとか、たまにしか使わないからこそ気づく、ということがよくあります。それが作業効率を悪くしていることに気づくと、

「もっとこうしたほうがいいのに」と改善点も見えてくることでしょう。しかし、いつもキッチンに立つパートナーからすれば、「この配置に慣れているから問題ない」「一見、動線が悪いように見えるかもしれないけれど、私のやり方にあっている」など、きちんと理由がある場合が多いのです。こうした時、「これはこっちにあったほうが使いやすくない？」など、確認するならまだいいかもしれません。しかし、男性の多くは「こうしたほうがいい」と思うとすぐに改善に乗り出してしまう……配置場所などを断りなく変えてしまう人もいたりします。

こうなると、いつもキッチンを使っている人は大迷惑。使おうと思ったものが所定の場所にない、あちこち探すと変な場所に入りこんでいるということが起きてしまいます。今すぐ使おうとしていたのに、探すという余計な手間が増えるのですから、これは大きなストレスです。さらに、「ああ、あの場所じゃ使いにくいから変えておいた」などと得意げに言われた時には、怒りが大爆発しても無理はありません。

先に解説した「やたらお金をかける」というのも「勝手なこと」の部類です。しかし、自分にとって使いやすくなっている場を乱された時の怒りはそれ以上かもしれません。

人間は習慣の生き物ですから、使いにくい状態でも適応してしまうことがよくあります。歪んだ鍋蓋を使い続ける、柄の取れたフライ返しで器用に調理を進める、そんな人は珍しくありません（こういう人、プロにもいます）。使いやすいものに替えたことでかえって効率が落ちてしまうこともある……それが長年染み付いた習慣というものなのです。

初めてキッチンに立ち、料理をしてみると「なんでこんな壊れたものを使っているんだ」「もっとこうしたほうが使いやすいのに」と思うことは多々あるかもしれません。しかし、それを指摘するには注意が必要ですし、勝手に変えるなどあってはならないことと心得て、慎重に事を進めましょう。

キッチンに立つ前に認識すべきこと

今まで「食べる人」を決め込んできた男性が「作る人」にまわろうとすれば、それはさまざまな苦労がつきまとうのは当たり前のこと。まずはそれを認識しましょう。その上で肝に銘じてほしいのは、男がキッチンに立つのは新たな趣味を始めるためではなく、家族のために料理するという新しい日常を始めるのだという覚悟を決めること。今までは妻が料理をし、キッチンを管理してきたのかもしれませんが、これからは夫婦で料理をし、キッチンを整え、管理する。それを新たなスタンダードにし、たとえば週の半分は男が料理するとか、食材の買い物は夫婦で協力して安全なものを選ぶとか、そうした一つひとつを新しい日常としてほしいと思います。そのために大事なことは、決して揉め事を起こさないということに尽きます。

長年にわたり、キッチンはパートナーが全面的に仕切っていたことでしょう。それを「これからは男も料理をするべきだ」とか「食のことは一人に任せておけない」と強引に入っていったら、たとえそれがよい方法だとしても、混乱や軋轢《あつれき》のもとにしかなりません。たとえていうなら、漁師たちが漁に出かけたあと、子供や女たちが貝や海藻を集めたりしていた浜に、大砲を何門も構えた巨大な黒船がやってきたようなもので戦争にだってなりかねません。たとえそれが正しい方法だとしても、急激な変化を求めれば軋轢を生むことにもなり、最悪の場合は家庭が崩壊するなんてこともあり得ます。それでは本末転倒もいいところですよね。これからは自分も料理をするんだ！　と決めたのは、家庭をもっとよくするためのはずです。だとしたら、革命を起こす必要なんてありません。少しずつ、お互いが納得しあった上でソフトランディングすることを目標にしていただきたいと思います。

このことを胸に刻んだ上で、気をつけなければならないことをあげていきましょう。

①先輩をリスペクトする

本書を読んだあなたの頭には、今まで知らなかった食の安全性に関する知識や、これから説明する料理のシステム化のことなど、たくさんの有益な情報が入っていることでしょう。一方、いままでキッチンを仕切ってきた先輩――多くの場合は妻――はまだそれらを知りません。体系的に料理を学んだ人もいるかもしれませんが、親に教わったり、自分で試行錯誤を繰り返したりして今のやり方にたどり着いたという人がほとんどでしょう。あえていうなら、プロではなく一般の人が通う料理教室で正しい知識や方法を教えているかというと、それは疑問と言わざるを得ません。つまり、今まで料理を作り、家族を食べさせてこられたのは、孤軍奮闘してきた努力の賜物なのです。これから家庭で料理をしようという男たちは、まずはその苦労に対して敬意を払うべきです。

②すでにあるキッチンのルールには従う

たとえ専業主婦であっても、料理は自己流でやってきたという女性は少なくありません。むしろ、そのほうが多いのが現代だといえます。何度も失敗を重ねながら日々を積み重ねて今のキッチンが完成したということは、賞賛に値します。しかし、手探りでやってきた分、間違ったやり方があったかもしれないし、思い込みによる誤解もあるかもしれません。しかし、それを否定したり、「正しいやり方はこうだ」などといって矯正しようとしたりしてはいけません。まず頭に刻みつけてほしいのは、これから自分がやろうとしているのは、非日常の特別なことではなく、日常の普通のこと。毎日は無理だとしても、決まったルーティンに従って作り続け、家族に食べさせ続ける料理だということは、決して忘れてはなりません。そのためには、いままでキッチンを仕切り、料理を作ってくれたパートナーに対する敬意が必要です。

　そもそもいままで主にキッチンを仕切っていた人がいるところに入っていこうとする男は、見方を変えれば乱入者にすぎません。それが自己主張を始めたら、キッチンは混乱に陥るに決まっています。そうなったらいい料理などできるはずがないのは明白ですし、キッチンへの出入禁止を宣言され、男が家庭で料理をすることは未来永劫できなくなってしまう可能性だってあります。

　もしかすると合理的ではないかもしれないけれど、どの家庭にも必ずルールとセオリーがあります。それを無視して新たなやり方を強行することは、宣戦布告に等しいと思ってください。まずは、自分が参入する前までに完成していたキッチンのルールは、不合理だと思っても従うべきです。

　もし独身だったら話は簡単、今までなんとなく出来上がっていたルールやセオリーはすべて捨てて、新しく積み上げていいのですから。それは言ってみれば、古い家を取り壊して更地にしてから新しい家を建てるようなものだといえます。しかし、見た目は古くても、それをゼロから建てて日々メンテナンスしていた人がいたとしたら、どうでしょう。こんな家をいくら手入れしても無駄だとばかりにいきなり取り壊しにかかったら……想像するのも恐ろしいと思いませんか。少なくとも、その後、平和な家庭生活が送れるとは思えません。ルールに従うこと、セオリーを壊さないこと。この二つは胸に刻みつけてください。

③変更はソフトランディングを目指す

家庭のキッチンに参入し、料理をするのが日常になってくると必ず「こうしたほうがいいのに」と思うことが出てくると思います。こういう時、「もっとこうしたほうがいい」と指摘するのも、「これじゃ効率が悪い」と非難するのも間違いだということは、すでに説明した通りです。では、そういう時にはどうするべきでしょう。まずは、自分はあくまでも新参者だということを改めて自覚しましょう。その上で、新参者の自分から見てもおかしいと思うことがあったとしても、それがすでにルールとして定着していることを理解すべきです。先述したように、効率が悪いように見えて、そこには本人にしかわからない理由があったりするものです。たとえば、どう考えても取り出しにくい場所によく使うものがしまってあったとしても、毎日使う人にとってはそこから取り出す動作が習慣になっているため、なんら不便は感じないものです。とくに収納場所は習慣化しているので、不便と感じているのは新参者だけということがよくあります。この場合、方法は二つ。その場所に自分が慣れるか、「こっちにしまってもいいかなぁ……」などと軽く提案して、受け入れられたら変更する、と言う方法です。後者の場合、「やはり元の場所のほうがいい」と言われたら、すぐに戻したほうがいいでしょう。「いやこっちほうが動線がいいから！」などと主張するのは得策ではありません。今はまだ勝負の時ではないのです。

調理や片付けのやり方も、すでに決まっているルールに従うべきですが、自分がやる時は何も言わず自分のやり方を採用するのもよいでしょう。たとえば、フライパンや菜箸など、調理に使った道具は食事が始まる前に片付けてしまうやり方と、食事が終わったあとの食器とまとめて一緒に片付けるやり方があります。これについては後述しますが、調理に使ったものは食事が始まる前に片付けるほうがずっと効率がよいということに間違いはありません。しかし、なかには「洗い物は一度で済ませたいから」という理由で、調理道具も食器もまとめて洗うという人もいます。もし、パートナーがこのやり方をしていたら、それについて何か言うことは避けるべきでしょう。ただし、自分がやる日は、自分のやり方で片付けを進めればいいのです。「このやり方のほうが効率がいい」「キッチンは常にきれいにしておくべき」「プロもこの方法を採用している」など、言いたいことはたくさんあるかもしれませんし、その一つひとつは正論かもしれません。しかし、それをぶつけたところで争いが始まるだけです。

料理に使う調味料にも同じことが言えます。インターネットのレシピサイトや料理動画では、めんつゆや白だしを使った料理が数多く紹介されています。献立を決めるために日々そうした情報に触れている人は、これはすでにしょうゆやみりんと同等の基本調味料のように思えているのかもしれません。しかし、ここまで読んできた方ならおわかりのように、めんつゆも白だしも、化学調味料など添加物がたくさん使われているものが多く、家族の健康を考えれば使わないほうがいいものです。しかし、ボトルの裏にある表示を見せながら「ほら、わけのわからないものがこれだけ入っている。こんなものを家族に食べさせるわけにはいかない！」と言ったら、どうでしょう。もしかすると、

「本当ね、もう使うのはやめましょう」と受け入れてくれる人もいるかもしれませんが、ほとんどの場合、猛反発をくらうのではないでしょうか。それに対してさまざまなデータや情報をつきつけたりして論破しようとしても、おそらく相手の気持ちがほぐれる可能性はとても低いと予想します。

だとしたら、自分が昆布やかつお節からとった出汁で自家製めんつゆを作って冷蔵庫に保管しておけばいいではありませんか。そして「こっちを使ってみて」といえば、それでも市販のめんつゆを使い続けようという人は、おそらく少数でしょう。めんつゆだけでなく、かつおやこんぶ、にぼしなどさまざまな出汁を作って冷蔵庫にストックしておけば、顆粒だしを使わなくなります。実際にそのようなご家庭を数多く見てきました。

料理をするようになると、「このほうがいいのに」「こうしてほしいのに」と思うことはたくさん出てくることでしょう。そうした時に、無理に変えてしまったり変えるように説得しようとしたりすることは、絶対にいい結果を招きません。言ってみれば、黒船来襲みたいなことになってしまいます。そうではなく、相手のやり方や意見を尊重しながら、時には軽く提案しながら、ソフトランディングを目指してほしいと思います。

何度も言いますが、男が料理をする目的は、家族の命と健康を守ることと、家庭という小さな社会を心地よく平和なものにするということ。料理を始めたことで家庭の空気が殺伐としたり、言い争いが増えるようではまったく意味がありません。くれぐれも強引に進めようとしたり、論破しようとしたりしないでください。それが、家庭の平和を乱さない秘訣なのです。

④作りながら片付ける習慣を身につける

最後に指摘したいのは、女性の多くが不満に思っている片付けのことです。女性の多くがパートナーの男性に料理をしてほしくないと思う大きな原因に片付けをしないことをあげるのは、すでにお伝えした通り。

とはいえ大目に見てほしいのは、男性が不慣れなキッチン仕事でいっぱいいっぱいになってしまい、片付けまで気がまわらないということ。女性から見たら一つのフライパンでやればいいことを次々新しいフライパンやら鍋やら、キッチンにある調理道具を総動員して、汚して、次々シンクに溜めていくのは腹に据えかねる光景でしょうが、料理に慣れていない男性にとって「次の料理を作らなければ」と思うことと、新しい調理道具を出すことはほぼイコールだったりします。シンクが汚れ物の山になったとしても、初めのうちは怒らず、さじを投げず、できれば穏やかに片付けが終わるのを見守ってほしいところです。とはいえ、男性側はそれに甘んじてはいけません。なぜなら、そもそも「料理する」という家事は「調理」だけではないからです。

家族の食事を作るには、まず献立を組み立てることから始まります。そして何を作るかが決まったら調理して、そしてすべてが終わったら後片付けをする。この一連の作業のすべてが「料理する」という工程だということは、ぜひ頭に叩き込んでください。そのうえで、少しづつ要領を身につけていってほしいと思います。

後片付けが苦手だという男性は多いのですが、それはただ要領が悪いだけのこと。コツが身につけば、手際よく片付けが進むようになり、やがて流れるような作業におもしろさや楽しさを感じるようになります。

どうすれば要領と手際を身につけられるかというと、ヒントはプロの厨房にあります。客席から調理場が見える飲食店がよくありますが、そうした店に入ったら、スタッフの動きを注意深く観察してみてください。とくに注目すべきは、ラストオーダーになってからの厨房の動きです。飲食店では、使った調理道具をそのままにしておくことはありません。出来上がった料理を皿に移したら、料理人はすぐさま使ったフライパンや鍋を洗います。サブのスタッフがいる店では、流れるようにフライパンが渡され、すぐさまスタッフがフライパンを洗うはずです。そして、注目すべきラストオーダーの時間になると、厨房は料理を作り、皿に盛り付け、すぐにフライパンを洗い、調理台を拭き、調味料のフタをしめて決まった場所に置き……と、さまざまな片付け作業を同時進行でこなしていきます。布巾のたぐいを洗ったりシンクを磨いたりして、あとは最後の客の食器が戻ってくるのを待つばかり、という状態になっている店がほとんどです。これは閉店後の片付け時間を短縮するために欠かせないルーティンワークであると同時に、従業員の残業代が発生しないようにするための、経営的な工夫でもあります。

家庭では残業代など発生しないのだから、食後にゆっくり寛いでから後片付けをするという考え方もあるかもしれません。とくに、片付けが苦手な人にとってはこのやり方は魅力的に映りそうです。しかし、このやり方だと後片付けに向かうのが強烈に面倒になってしまいます。食事が終わり、ゆっくりテレビを見るなどして寛いだあとに「さて」と立ち上がってキッチンに行くと、油まみれのフライパンやタレのついた皿、ドレッシングが残ったサラダボウルが山積みになっていたら……いかがでしょう。一気にやる気が下がるのではないでしょうか。

片付けをうまく進めるコツは、プロに習って「作りながら片付ける」ことが一番です。フライパンで野菜炒めを作り、出来上がって皿に盛り付けたらすぐに洗ってしまいます。味噌汁鍋もそれぞれの汁椀によそったらすぐに洗う。ドレッシングを作ったボウルはさっと油を拭ってから洗う。調理に使ったヘラ、盛り付けに使った菜箸やレードル（おたま）も出番が終わったらすぐに洗う。こうすると、料理の配膳が終わる頃には、キッチンのシンクになにもない状態になっているはずです。そして、食事が終わったら汚れた食器をキッチンに下げ、食卓は布巾で拭いてしまいます。そうやってテーブルが食事前の状態に戻ったら、キッチンに戻り食器を洗い、すべてが終わったらシンクや調理台の上を布巾でふいて水滴一つない状態にし、最後に布巾を洗えば、キッチンは調理が始まる前の状態に戻ります。こうして一連の流れにしてしまえば、後片付けは苦でなくなるはずですし、作業が終わるたびにきれいなキッチンに戻すことができるので気分も爽快です。

ここで、私が取り入れている技を二つ紹介しましょう。まず、着古してくたくたになったTシャツなどの古い布地を二〇センチ角くらいに切って取り出しやすくまとめておきます（これをウエスと言います）。そして、油汚れがひどいフライパンやサラダボウルなどを片付ける時、まずこの布で汚れをぬぐいとってしまうのです。それからざっとお湯をかけてから洗うと、びっくりするくらい素早くきれいな状態に戻すことができます。キッチンペーパーを使うのもいいのですが、紙より布のほうが汚れを落としやすく、なにより捨ててしまうものを有効活用しようという気持ちが大事だと思います。私が経営していたお店でも、スタッフが着古したTシャツなどを持ってきて、ウエスにして使っていました。

そしてもう一つは食器の洗い方です。シンクにはその半分くらいを占める洗い桶をセットし、蛇口からのお湯を出しっ放しにしておきます。そしてその外側に汚れた食器を入れていきます。この時、汚れがひどい食器はあらかじめウエスで拭っておくとあとが楽になるのはいうまでもありません。そして、汚れた食器を洗剤をつけたスポンジで洗ったら、泡のついたまま洗い桶のなかに次々と浸けていくのです。こうすると桶のなかで自然にすすぎ洗いをしている状態になります。食器を洗い終わったら、出しっ放しにしているお湯で軽く食器をすすぎながら水切りカゴにいれていけば、もう食器洗いは終了。一つひとつ洗剤で洗ってはすすぎ洗いをするというやり方に比べれば格段に時間短縮になり、なにより楽です。

このようにしてシステマチックに後片付けをすると、テンポよく作業が進み、楽しくなってくるに違いありません。

それでも後片付けが面倒で苦痛と思うなら、思い切って食器洗い機を購入することを検討してください。いま、電気を使った調理道具は数多くありますが、そのなかで圧倒的に満足度が高く、パートナーにプレゼントして確実に喜ばれるのが食器洗い機です。私も導入していますし、購入をすすめた人が何人もいますが、私自身を含めて「食器洗い機を買って失敗したと思う、後悔している」という人は一人もいません。後片付けをめぐって家族でイライラしたりもめたりするくらいなら、食器洗い機の導入は間違いなく幸せを呼ぶ投資となるはずです。

家庭のキッチンは、限りある空間です。狭くて作業がしにくいキッチンもあれば作業効率が上がるように収納を工夫したくても十分なスペースがとれないキッチンもあります。そして、食器洗い機を使いたくても置き場所がない、電源がないというキッチンもあることでしょう。そうした時、「もっとこうだったら」という不満が湧いてくるのは仕方ありません。しかし、思い出してください。あなたはキッチンの新参者であり、今まで文句もいわず、そのキッチンで食事を作ってきたパートナーがいます。それを差し置いて「もっとこうだったらいいのに」とか、「収納場所がないから仕方がない」なんてことは言わないように、考えないようにしましょう。たとえ悪気などなかったとしても、そんなことを言われたら、これまでキッチンで働いてきた方のプライドを傷つけることになり、喧嘩にもなりかねません。もしキッチンをリフォームするチャンスが到来したら、それまで感じてきた不便さや、不合理性を改善点としてあげることです。

私たちはついつい「ない」ものに目を向けがちですが、そうではなく「ある」ことに目を向けるほうが発展的であることは論を俟《ま》ちません。

この章の最後に、注意点を二つ挙げておきます。

一つは、洗い桶の中には包丁などの刃物と、グラスなどのガラス食器は入れないことです。いらぬアクシデントを避けるために必要なことですので、必ず守ってください。

もう一つは、料理中のことですが、包丁についた水気を落とすために、包丁を振らない。これ、絶対です。守ってください。

この二つの注意点は、私が飲食店を始める時に、それまで何年も飲食店を経営し、働いてきた義理の母（僕の奥さんのお母様）から教えられたことです。絶対に守りなさい、ときつく言われました。

私たちは仕事として食事を作るのですから、プロ意識を持つのは当然のことです。

第四章

男子厨房革命～システムを持とう

家庭料理の時代がくる

とても残念なことに、今は「食事」という、生きていくために欠かせない営みが安心できるものではなくなってしまいました。私たちは二四時間、三六五日、いつでもどんなものでも手に入る時代を生きています。ちょっと小腹が空いてもたちまち食べ物が手に入るのは、食料が手に入らず苦労している国や地域の人からすれば夢のように思えることでしょう。しかし、その便利さに慣れすぎて、当たり前のことを見失ってはいないでしょうか。

作ってから何時間も経っているのにまったく傷まないサンドイッチやおにぎり、やけに鮮やかな色の惣菜、刻まれているのに変色もないカット野菜などなど、その例は枚挙にいとまがありません。そうした食べ物がどれほど信用できないものなのか、ここまで何度も繰り返しお伝えしてきました。

おそらく多くの人は、便利だから、簡単だからという理由で、そうした食べ物を選んでいるのでしょう。そうした何気ない選択が自分の健康を、未来を左右していることに気づいてほしくて、私はこれまで〝食〟について警鐘を鳴らしてきました。それだけではありません。無意識に選んでいる食べ物が、自分の子供たちの、日本の、人類の、地球の未来さえ決定しているのです。大げさに聞こえるかもしれませんが、私たちの生活は、いまこの瞬間だけで完結しているものではなく、未来を決めています。

お腹が空いた時、コンビニやスーパーに入ればすぐに食べられるものが簡単に手に入ります。しかし、そうした食べ物は食品添加物がたくさん使われていて安全とは程遠いものだということは、すでにおわかりいただけたと思います。これまでそうしたものを食べていたのだとしたら、それは「簡単・便利」と引き換えに「安全・健康」を犠牲にしていたということ。つまり、生命を大切にしていないということに尽きます。そうしたものを食べているということは、自分にはこの程度の食べ物でいい、その程度の価値しかないと思っているのと同じことです。さらにそれを子供に食べさせているのだとしたら……もうこれ以上は言いません。ただ、そうやって育った子供が、自分に自信を持ち、清々しく、潔く生きていくことができるのだろうかと、この疑問だけはお伝えしたいと思います。

もうこんな愚行はやめにしましょう。食べるものは自分で作ればいい、それだけの話です。考えてみれば、これまで私たちの祖先はそうやって生きてきました。料理人を雇える家以外は、みんな自分と家族が食べるものは自分たちで作ってきたのです。もし、曾祖父母に「おにぎりや味噌汁を買う」と伝えたら、どんな反応が返ってくるか、考えてみてください。きっと「そんな馬鹿馬鹿しいことをするな」と叱られるに違いありません。

洗濯はスイッチ一つで乾燥までやってくれるようになり、掃除も留守中にロボット掃除機が済ませてくれるようになるなど、私たちの生活は驚くほど便利になりました。食べることに関しても、安価な外食やデリバリー、そして弁当や惣菜など、食べたいと思えばすぐに食べられるし、冷凍食品や食材と調味料がひとパックになったミールキットなど、作って食べるのも簡単に済ませられる時代になりました。しかし、そうした便利さはいりません。食べることに関しては、祖先たちがしてきたように家庭料理に立ち返るべきなのです。

本書をここまで読んできた方は、家庭料理に男が参入することの重要さはすでに痛感しているとことでしょう。その上で、家庭料理に取り組むにあたり、心得るべきことをお伝えしましょう。

常識を疑うことから始めよう

それまでキッチンを取り仕切っていた女性のなかには、男性がキッチンに入ってくることに対して自分のポジションが奪われてしまうのではないかという警戒心を抱いてしまう人もいるかもしれません。もしそうだとしたら、それは大きな間違いだと言わなければなりません。家庭は家族全員がいて初めて成り立つチームだと考えてください。そして、家庭というチームを問題なくスムーズに動かすためには何が必要なのかを考え、互いに協力しあうことが重要です。そのためにも、「男性は料理が苦手」という先入観は家族全員で捨てることから始めてほしいと思います。

そして、次に捨ててほしいのは、料理に関する思い込みです。

これから家庭料理に参入していこうとする男性だけなく、長年料理を担当していた女性さえ、料理に関しては「これが常識だから」とばかりに強固な思い込みをしているものです。いくつか例をあげてみましょう。

・電子レンジ

今やほとんどの家庭に鎮座している電子レンジ、その普及率は九五パーセントを超えているのだとか。どれほど多くの人が「なくてはならないもの」と思い込んでいるかと思うと、恐ろしいほどのものがあります。もはやキッチンの必需品と化している電子レンジの使い方はというと、冷めたごはんやおかずを再加熱するのと、冷凍食品を解凍するという、「温め」がほとんどではないでしょうか。電子レンジ調理という、ものもあるようですが、これも要は温めているだけです。たかだか物を温めるだけなのに、あんなに高価で場所をとるものをわざわざ買っているのかと、改めて考えると不思議な気持ちになります。「ボタン一つで楽だから」ということでしょうが、電子レンジの中で何が起きているのか、ご存じでしょうか。

電子レンジはマイクロ波という電磁波を食材に含まれる水分子に当てて振動させ、

発熱させています。そのため、通常の調理だと食材の外側から加熱されるのに対し、電子レンジ調理では内側から加熱され、徐々に外側が温まっていくという特徴があります。この時、内側が急激に加熱されてしまうため、内部にある水分がたちまち蒸気になり、食材を破壊しながら外側に向けて噴出します。つまり、電子レンジで加熱すると食材の水分が抜けて味が悪くなるだけでなく、栄養素も破壊してしまうということ。ボタン一つでわざわざ料理の味を悪くして栄養をなくしてしまうのだから、電子レンジは使うべきではないと私は考えます。こんなことをいうと、「電子レンジは必需品なので困る」と言い出す人もいるようですが、よく考えてください。電子レンジの役割は「温め」だけですよね。だとしたら、わざわざ食べ物の栄養をなくしてまずくする道具など使わなくてもいいではありませんか。なにも冷めたものをそのまま食べろと言っているわけではありません。「蒸す」という昔ながらのやり方を採用すればいいのです。蒸すという調理方法は、電子レンジと違って、たっぷりと水分を与えながら外側からじっくりと食品を温めていきます。しかも、鍋の中で蒸気が対流を起こしているので、電子レンジにありがちな温めムラがありません。もちろん栄養を壊すこともなく、文句なしの温め方なのです。私はいろいろな人に電子レンジの害を伝えるとともに、「蒸す」という調理方法のよさを説いているのですが、これを聞いた人の多くが「でも蒸し器がないのです」と顔を曇らせるか、「せいろを買います！」と目を輝かせるかのどちらかなので、思わず苦笑してしまいます。「電子レンジは必需品」がただの思い込みであり、誤った常識なのと同様に、「蒸し料理をするには蒸し器やせいろがなければならない」も思い込みにすぎません。

蒸し器やせいろがなければ、鍋やフライパンに小ぶりの皿を置いて台にすることで代用できます。台の上に料理を乗せた皿を置き、水を一センチほど入れてからフタをして沸騰させればちゃんと蒸すことができます。鍋やフライパンの直径に合ったフタを使えば蒸気が漏れず、より完璧な蒸し料理ができます。

・レシピ

レシピは料理に不可欠。おそらく誰もがそう思っているのではないでしょうか。料理名でネット検索をし、おいしそうな完成写真が載っているページを開いてレシピをチェック、そして足りないものを買い出しに行く……これが常識だと考えている人のなんと多いことか。そんなことをしているから、一度しか使ったことのない調味料が増えてしまうということに、まずは気づいてください。そして、レシピがないと料理ができないということはただの思い込みであり、家庭料理にレシピはいらないという真実を知ってほしいのです。

レシピは材料や調味料を数値化した上で調理手順を細かく指定したもので、何十人分もの料理を何人かで手分けして作る時や、作るたびに同じ味にしなければならない時、そしてお菓子を作る時には欠かせません。しかし、それ以外の場合、とくに家庭料理にレシピは必要ありません。レシピがないと失敗してしまう、とやけに不安になってしまう人もいるようですが、そもそも家庭料理に失敗はありません。単に「今日はこういう料理になった」という事実があるだけです。調味料も基本的な分量のバランスさえ覚えておけば、いちいち大さじ小さじなどを使って計量する必要もありません。料理は適当でいいのです。「適当」という言葉は「いいかげん」と捉えられがちですが、本来は「ある条件や目的にちょうどよく当てはまること、かなっていること、ふさわしいこと、程度がほどよいこと」という意味があります。ついでながら「いいかげん」も本来は「良い加減」となり、「適当」と同じ意味です。

レシピ通りに厳密に料理をすることは、設計図の通りに部品を組み立てるプラモデルと変わりありません。料理はただの組み立て作業ではなく、完成品をおいしく食べられるというおまけつきのクリエイティブな喜びに満ちた知的な作業です。冷蔵庫を見て、今日はこれとこれを組み合わせてみようとひらめいたり、この食材ならこう切ってみようと工夫したり、味が濃くなってしまったから卵でとじてみようと新たな発想をしてみたりと、イマジネーションのおもむくまま、ひらめくままにいろいろなことを試してみてください。作る喜びが味わえるだけでなく、家族と食べた時にコミュニケーションが広がるに違いありません。

第五章では料理初心者の方でもすぐに始められる料理を紹介していますが、ここではもともとの味をどんなものなのかを知っていただくために、あえて調味料の分量を含めたレシピを掲載しました。このレシピをたたき台にして、自分流のアレンジを楽しんでください。

・調味料

男性が料理する時、とかく調味料を揃えたがる傾向が強いように思えます。レシピにとらわれがちな人はとくに「この調味料がなければこの味にならない」と思い込んでしまい、その結果、一回しか使ったことのない調味料が死蔵品となってキッチンの収納場所をふさいでしまうという事態が起きてしまいます。もちろん、繰り返し使って賞味期限内に使い切るなら問題ありません。しかし、その日作るメニューのためにわざわざ買ったという調味料は、繰り返し使う、いわばスタメンに入ることはめったにないのが現実です。先にも伝えましたが、そもそも家庭料理に失敗はなく、その日出来上がった料理が名もない完成品です。もし使いたい調味料があるのに家に置いてない場合は、あるもので代用すればいいではありませんか。レストランに出す料理ではなく、家族で食べる料理なら、どんな作り方をしても、どんな調味料を使っても自由です。そして、あなたが始めるのは、多彩な調味料を使ったプロも驚くような料理ではなく、家族が日々食べる料理でなければなりません。趣味として楽しむ料理ではなく、日常的な料理なのですから、あるものを使って最大限に工夫することが重要であり、そこに楽しみを見出してほしいと思うのです。

調味料は、塩・しょうゆ・味噌・酒・酢が揃っていて、さらにこしょうがあれば十分。さらに加えるとしたら、インドのガラムマサラ、中華の五香粉。ともに少量でその国の料理の風味が増す万能調味料として使えるのでおすすめです。砂糖は調味料として不必要です。このことは本書のテーマからはずれるので、詳述は避けますが、砂糖を使わずに料理を作ることを命題としていただきたいと思います。

家庭料理システムとは

男が……というより、それまでパートナー任せだった人が料理をしようとしても、最初からスムーズにいくわけがありません。しかも、男性に目指していただきたいのは、「休日はキッチンにこもり、半日かけてスパイスやハーブをたくさん入れた本格的なポモドーロを作る、パスタはもちろん手打ち」という趣味の料理ではないということは繰り返しお伝えしてきました。家族が食べる家庭料理を作るという日常を始めていただきたいのです。そのために、改めて「家庭料理」を定義したいと思います。

・食品添加物や農薬などによる汚染の心配がない安全な食べ物であること
・必要な栄養がまんべんなく、過不足なく摂取できること
・ご飯、味噌汁、漬物をベースとすること
・調理に手間と時間がかからないこと
・特別な道具や調味料、食材を必要としないこと
・その日だけに終わらず継続的に料理を作り続けられること
・献立作りから調理、後片付けまでを一貫した流れとして捉えること
・出身地の郷土料理や自分たちの親世代が作っていた伝統的な日本の料理をベースにすること

これらを満たすものが、家庭料理ではないでしょうか。もちろん、特別な日には手の込んだ料理を作って非日常を演出するのもいいですし、目先を変えて外国の料理に挑戦

するのも決して悪いことではありません。しかし、ベースとなるのは普通の料理であることが理想的なのです。

こうした家庭料理を毎日作り続け、食べ続けるために欠かせないのが、家庭料理のシステム化です。

日々家庭で料理を作っている方——主に女性——に聞くと、一番大変なのは今日の献立を考えることだと言います。そして、それにそって食材を買い揃え、調理しているととても時間がかかる、それなのに残されたりすると作る気がなくなってしまう、とため息混じりに言われると、私は「それはシステム化がされていないからでは？」と思わずにいられません。

家庭料理は常にある一定のレベルを保ち、突然いつもと違うことが起きても対応できるようにする必要があると私は考えます。たとえば、遊びにきていた子供の友達にも夕飯を食べさせることになったとか、突然、離れたところに住んでいるお父様やお母様が訪れてきたなど、家族分プラスアルファの料理が必要になる可能性はゼロではありません。そうした時、人数分しか用意してないから私の分、またはあなたの分のおかずはありません、なんてそういうことがあっては困るのです。そこまでいかなくても、大雨で買い物に行けないとか、帰宅した家族の具合が悪くて、予定していたメニューでは食べられそうにないとか、イレギュラーな事態はいつ起きるか予想がつきません。そうした時お手上げになってしまうのは、いつもいきあたりばったりで食事の用意をしているからではないでしょうか。ある程度の見通しが立てられ、それを滞りなく実行していくためには、準備・段取りが必要です。食材の買い出しや下ごしらえ、調理、配膳、そして食後の後片付けまでを一連の流れとしてスムーズに遂行できうるようにするのが、家庭料理のシステム化です。具体的に解説しましょう。

・食材の買い出し、下準備、下調理

食品ロスなどという言葉を持ち出すまでもなく、まだ食べられる食品をゴミにしてはならないし、買ってきたものを食べないまま放置して劣化させ、結局ゴミにしてしまうこともあってはなりません。買い物に行って、冷蔵庫にあるにもかかわらず同じものを二度買いしてしまうことはないでしょうか。この無駄を防ぐには、冷蔵庫のな

かに入っている食品をしっかりと把握する必要があります。なにも冷蔵庫に入っているものをすべて記憶しろと言っているわけではありません。話は簡単、中のものを書いておけばいいだけです。下のイラストは、私の冷蔵庫を再現したものです。食品名が書かれたものはふせんで、冷蔵庫に入っているものを示しています。肉や魚といった動物性のものはピンクやオレンジなど赤系のふせん、野菜は緑のふせん、その他の食品はクリーム色のふせんといった具合に色分けをしておくと、いま何が足りないのかが一目瞭然です。食べ終わってなくなったものは別の場所

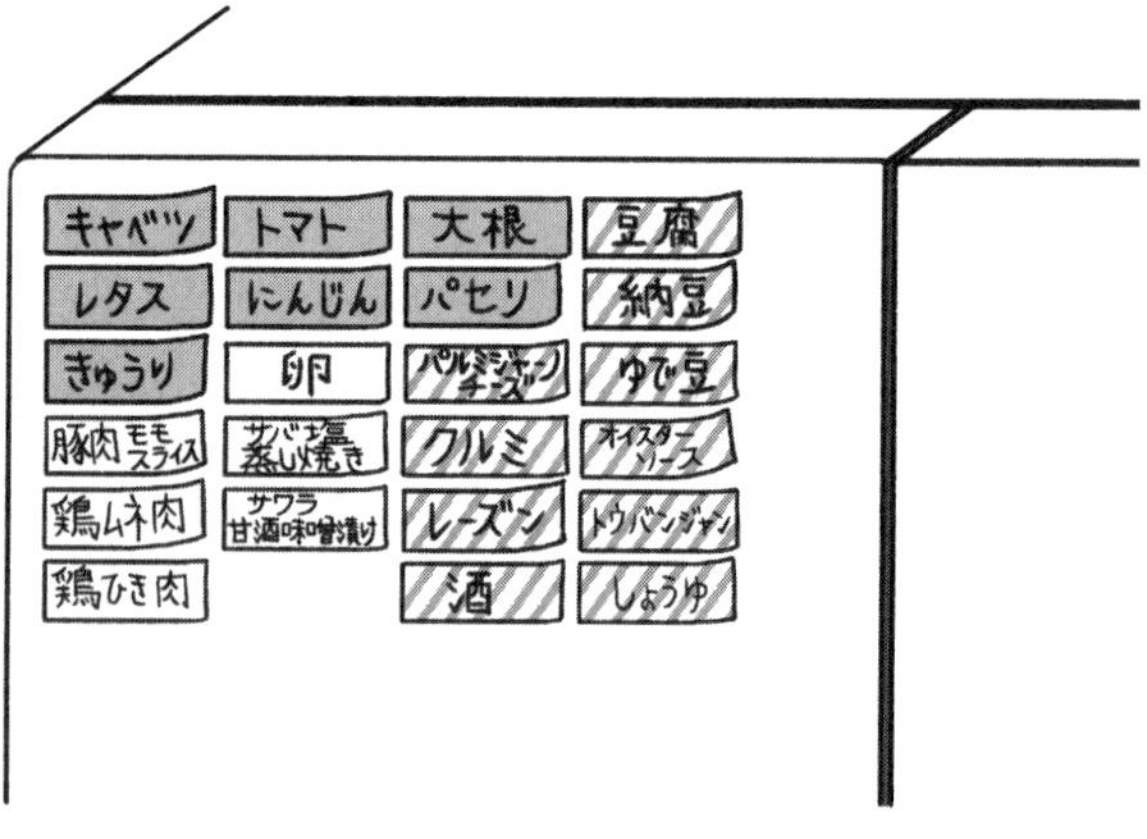

に貼っておき、買い物にいく時にその部分をスマホで撮影します。すると、その一枚の写真が今日の買い物リストとなるのです。私はこれを「冷蔵庫の可視化」と呼んで、家庭料理のシステム化の一つとしています。このシステムにしてからというもの、無駄な買い物や買い忘れがなくなりました。ぜひ取り入れてみてください。

続いて、買ってきたものをどうするか。ほとんどの人はそのまま冷蔵庫に入れているのでしょうが、これだと時間が経つにつれてどんどん劣化してしまいます。せっかく新鮮な食材を買ってもこれでは意味がありませんし、料理の味も落ちてしまいます。そこで取り入れてほしいのが、下準備と下調理です。下準備とは、食材を洗うこと、そして切ることです。そして下調理とは、どんな料理にでも応用が利くようにさっとゆでたり蒸したりする一時加工のことを指します。

たとえば、キャベツを一玉買ってきたとしましょう。まず半分は千切りにし、これはドレッシングであえて今日食べるサラダにします。そして残り半分はざく切りにしてジッパー付きの保存袋に入れておき、明日の野菜炒めや汁物の具とします。それでも食べきれなかった分は、塩を振って軽くもみ、密閉容器に入れると浅漬けになります。季節によってシソやミョウガ、ゆずなどを加えるのもいいでしょう。余談になりますが、最近「キャベツ一玉は使い切れないので無駄、コストパフォーマンスが悪い」という声が多いようで、二等分、四等分したキャベツが売られるようになりました。野菜は包丁が入ったところから酸化が始まり、どんどん栄養が流れ出てしまいます。つまり、カットした野菜は栄養価がぐっと下がっているのです。ということは、より細かく包丁が入っている野菜炒め用の角切りキャベツや付け合せ用の千切りキャベツとなると、水分も栄養素も抜けてしまい、言い方は悪いですがクズ野菜と言っていい代物になっています。コストパフォーマンスで比較しても、ダントツにいいのは丸ごとのキャベツに決まっています。手間がかかると思うかもしれませんが、それは大きな誤解。買った時に下準備・下調理までして保存しておけば、あとは出すだけなのでとても簡単です。もちろん、キャベツに限らずニンジンや大根といった加熱に時間がかかる根菜類やほうれん草などの葉物野菜もゆでた状態で密閉容器に入れて保存しておくと、どんな料理もあっという間に作ることができます。また、油揚げも湯通ししして保存容器に入れておけば、味噌汁の具材としてすぐに使えますし、適当な大きさにカットしてオーブントースターで焼いて、しょうゆを少しかければ、ちょっとした箸休めにもなります。

肉や魚もゆでたり蒸したりしてさっと火を通しておくことをおすすめします。これを密閉容器に入れておけば、バラエティに富んだ料理に使うことができます。仕事が忙しすぎて昼食を食べ損ね、空腹の極致で帰ってきた家族にもう一品おかずを追加するのも簡単です。

こうして下調理した食材は、すべて同じ種類の密閉容器に入れておき、内容物をシールに書いて貼っておくと冷蔵庫を開けた時も一目瞭然、すぐに取り出して料理にとりかかることができます。

・ご飯、味噌汁、漬物

日本人は一部の層を除いて一〇〇年以上昔から穀物と味噌汁、漬物のみという食生活を送ってきました。穀物と書いたのは、米を食べることができたのはごく一部で、ほとんどが稗《ひえ》や粟《あわ》などのいわゆる雑穀を食べていたといいます。それで一日中農作業をしていたのですから、驚くしかありません。ビタミン群の豊富な雑穀、発酵食品である味噌と漬物、そして味噌汁の具となる野菜と、飽食の現代から見ると意外にも栄養的に優れているのではないか、という気にさせられます。

こうした食生活が綿々と続いてきたことを考えると、やはり日本人の体にはご飯と味噌汁、漬物を基本にするのが合っていると思えてなりません。まずはご飯を炊くこと。そして味噌汁をどうするか考える。密閉容器に保存してあるゆで野菜や油揚げを使ってもいいし、豆腐やわかめを使ってもいい。微妙な余り方をしている肉や魚があったら、それを使って具だくさんの味噌汁にすればおかずは少量で構いません。

そして、忘れてならないのは漬物です。最近スーパーなどで漬物コーナーが充実しているのだとか。このことを聞くと、「やはり日本人にとって漬物は欠かせないのだな」と感心したり、「既製品の漬物はただの化学調味料漬けにすぎないのに」と憤慨したり、私としては心が穏やかではありません。

どうやら漬物を難しく考える人がいるようですが、とんでもありません。キュウリや大根、ニンジンなどを適当に刻み、塩をまぶしておいておくだけであっという間に浅漬けが完成します。あとはここにショウガなどの薬味を入れたり、昆布やかつお節などの出汁が出るものを入れたりすればより深い味の漬物が出来上がります（五章で漬物の作り方を掲載しましたのでご覧ください）。また、面倒だと敬遠されがちなぬか漬けは、手軽に食べられる自家製の発酵食品。野菜をぬかに漬け込むことによって生まれる乳酸菌は、腸内環境を整え、免疫力を高める働きがあります。さらに野菜の栄養価を高めてくれるという効果もあるという、まさに日本が誇る健康食品です。いろいろな種類の野菜を漬けておきさえすれば、立派な一品料理にもなりますし、お茶請けにもぴったりと大活躍してくれるぬか漬け、ぜひチャレンジしてほしいと思います（日本オーガニックレストラン協会では、ぬか漬けセミナーも開催しています）。

家庭料理のシステム化は、それぞれの家庭の事情やキッチンに合わせて考え、組み立てるもので、一朝一夕に出来上がるものではありません。私自身もここに辿りつくまでに二〇年以上の歳月がかかりました。買ってきた食材を下調理し、適切に保存するのは手間がかかるように見えるかもしれません。確かに、下調理をする日は少々やることが多くなるのは事実でしょう。しかし、その日食べる料理を作るのと同時進行でやっていけば、意外とスムーズに作業できるものです。その日の分だけを作るのに比べれば手間がかかるのは確かですが、一度下調理し、密閉容器に入れてシールを貼ってわかりやすく冷蔵庫にしまっておけば翌日からは驚くほど料理がスムーズになりますし、楽になります。読者の皆様は二〇年などという時間をかけずに、まずは私が年月をかけて作りあげた家庭料理のシステム化を試してみてください。それを使い続けるうち、きっと「もっとこうしたほうが我が家の実情に合う」という方法が見つかるはずです。それがあなたの家に最適（オプティマル）なシステム化になるでしょう。一緒にキッチンを使うパートナーと力を合わせて、システム化を進めてください。きっとコミュニケーションがさらに深まることでしょう。常に考えるべきは、おいしい家庭料理がいつも食卓にあることと、それを召し上がることで家族が健康になること、また健康を維持し続けられることです。

必要な栄養素を考えよう

今さら指摘するまでもありませんが、ものを食べる意味は空腹を満たすためだけではなく、生きて行くために必要な栄養素を取り入れるという重大な目的があります。では、具体的にどのような栄養素なのかというと、まずは生命を維持するために最低限必要と言われる「必須栄養素」です。必須栄養素は約五〇種類あり、必須アミノ酸（九種類）、必須脂肪酸（三種類）、必須ビタミン（一三種類）、必須ミネラル（一六種類）などです。それに加えて、必須栄養素とは内容の異なる「植物栄養素」も、しっかり摂取できてはじめて、食事が意味を持つことになり、目的が果たせるのです。植物栄養素とはフィトケミカル、ファイトケミカルとも呼ばれ、植物が紫外線や有害物質、害虫などの害から身を守るために作り出した色素・香り・アク・辛味などの成分を指します。ここ数年で老化や病気の原因として「酸化」が注目されてきましたが、植物栄養素はこうした酸化から体を守る抗酸化作用を持つものが多く、その種類によって老化の予防、代謝の促進、免疫力向上、脳機能の強化などに働きかけるとされています。その種類は五〇〇〇種を超えるとされますが、代表的な種類をあげてみましょう。

・**ポリフェノール**……植物の色素やアクの成分で抗酸化作用を持つ。ブルーベリーやブドウ、ナスなどに含まれるアントシアニン、大豆に含まれるイソフラボン、茶葉に含まれるカテキンが代表例。

・**含硫化合物**……香りや辛味が特徴で血行・血流の改善、殺菌作用を持つ。ブロッコリーなどに含まれるスルフォラファン、大根やわさびなどに含まれるイソチオシアネート、ニンニク、タマネギなどに含まれるアリシンが代表例。

・**カロテノイド**……主に緑黄色野菜に含まれる黄・橙・赤の色素成分の総称。大きくカロテン類（ニンジンやカボチャ等に含まれるβ-カロテン、トマトやすいかに含まれるリコピンが代表例）とキサントフィル類（緑黄色野菜に含まれるルテイン、みかん類に含まれるβ-クリプトキサンチンなどが代表例）。

・**多糖類**……炭水化物の一種で海藻やキノコ、根菜類に含まれる。海藻類のぬめりにふくまれるフコダイン、キノコ類に含まれるβ-グルカン、ゴボウやタマネギに含まれ

オプティマル・フード・ピラミッド

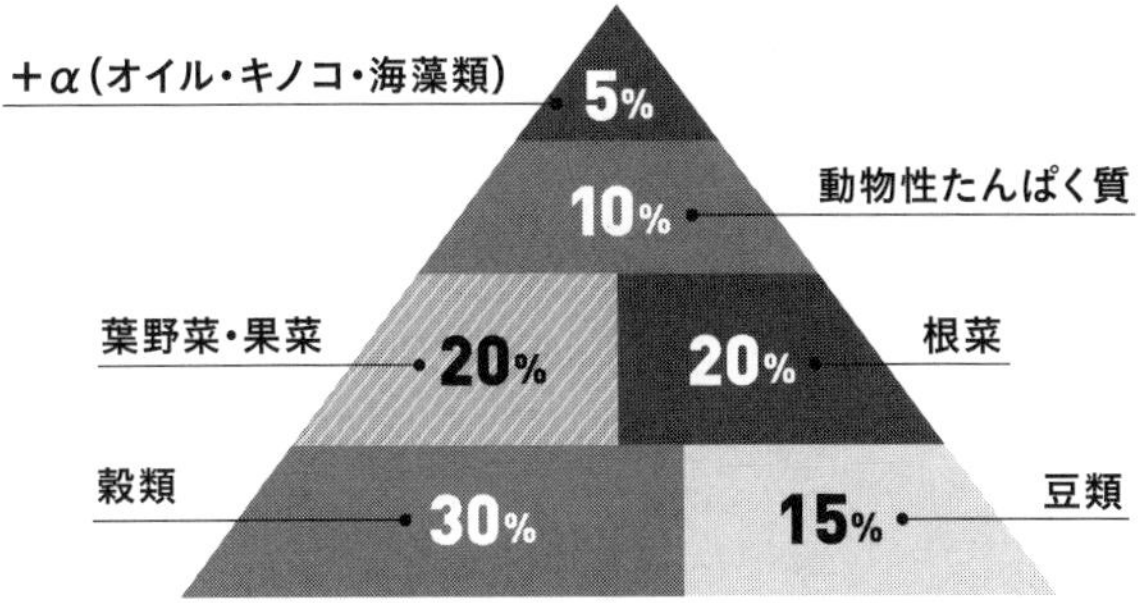

るイヌリンが代表例。

・テルペン類……ハーブ、柑橘類の香りと苦味成分。抗酸化作用、免疫力強化の特徴がある。柑橘類に含まれるリモネン、ハッカなどに含まれるメントールが代表例。

こうしてあげると、私たちが健康を保つために、いかに多くの栄養素が必要なのかがよくわかります。だからこそ、食材は吟味しなければならないこと、不要な添加物は排除しなければならないこと、栄養のないもので腹を満たしている余裕などないことがわかるのではないでしょうか。

このように多岐にわたる栄養素をすべて取り入るには食材に含まれる栄養素を確認しながら食べ

るものを選ばなければならないのですが、それはまったく現実的ではありません。そこで取り入れてほしいのが、私が考案した「オプティマル・フード・ピラミッド」（前ページ参照）、つまり理想的な食事配分です。このピラミッドの図形に従って食事を構成すれば、必要な栄養素を過不足なく、しかもまんべんなく摂ることができます。それぞれの割合の意味を解説しましょう。

- **穀類と豆類**……それぞれ三〇パーセント、一五パーセントを摂ることで九種類の必須アミノ酸のすべてがバランスよく摂れると同時に、それをエネルギー化するために必要なビタミンB_1が摂れる。ただし、豆類はホールの状態で、穀類は精製しない状態（米なら玄米、小麦粉なら全粒粉）、または精製度の低い状態（米なら三分づき）で摂るのが理想的。
- **葉野菜、果菜、根菜**……野菜は食事全体の四〇パーセントを摂る。この割合にすると充分な量の野菜を摂ることになり、ビタミン、ミネラルが摂取できると同時に植物栄養素も摂ることができる。

・動物性たんぱく質……肉や魚介類のほか、卵、乳製品も含む。全体の一〇パーセントと少なめだが、穀類・豆類そして微量ながら野菜からもアミノ酸が摂れるのでこの量でよい。

・オイル……プラスαとしているオイルは飽和脂肪酸（バターなど）と不飽和脂肪酸に大別でき、不飽和脂肪酸はオメガ3脂肪酸（αリノレン酸で魚油、アマニ油、エゴマ油など）、オメガ6脂肪酸（リノール酸で大豆油、コーン油など）、とオメガ9脂肪酸（オリーブオイルなど）に分類できる。このうち、積極的に摂るべきなのは必須脂肪酸であるオメガ3脂肪酸とオメガ6脂肪酸で、いずれも全身の細胞膜を作る原材料になる。この二つがあれば、オメガ9脂肪酸は体内で合成できるのだが、それだけでは必要量に満たないため、単独で摂取すべき。飽和脂肪酸は積極的に摂らなくても問題ない。マーガリンやショートニングなどに含まれるトランス脂肪酸は摂ってはいけない。

・キノコ、海藻類……ともに栄養素がないと言われてきたが、腸内細菌のエサとなる食物繊維が豊富で、腸の働きを正常にしてくれる。また、植物栄養素の一つである多糖類を豊富に含み、海藻のぬめりに含まれるフコイダンは抗がん作用や血圧を安定させる働きがあり、キノコ類に含まれるβ‐グルカンは免疫力強化、コレステロール値の上昇を抑えるなど、生活習慣病予防への効果が期待できる。

買い出しにいく時や献立を考える時にオプティマル・フード・ピラミッドを思い浮かべながら食材を選び、料理をすることで、理想的な栄養バランスを実現し、必要な栄養素を過不足なく、そしてまんべんなく摂るという家庭料理のシステム化が完成します。また、この配分に従って食べると、食べすぎることがなく、肥満を防ぐことも可能です。新しい食習慣として、ぜひ取り入れていただきたいと思います。

無駄なことはやめよう

男性がこれから始めようとしているのは決して趣味の料理ではないと繰り返しお伝えしてきました。もし、趣味の料理なら道具も材料もかけられるだけお金をかけるのもいいかもしれません。食材はいいところだけ使うと宣言して余分だと思ったところはどんどん捨て、その料理にしか使わない調味料や珍しい食材も買い、時間をかけて料理すればいいでしょう。ただし、キッチンを仕切っているパートナーからはひんしゅくを買いそうですが……。こうした趣味の料理と日常の料理の違いはいろいろありますが、端的に言えば「無駄を出さない」ことに尽きるのではないでしょうか。

食材や調味料は無駄なく使いきれるものを買う。調理道具はすでにあるものを使うなど、新たに買うものを最小限にとどめましょう。ハレの日に特別な料理を作るならいざしらず、生活に溶け込んだ毎日の料理を作るのですから、やたらと気合いを入れたりせず、淡々と進めていきましょう。

前項で説明したシステム化が進めば進むほど、食材を無駄にしたり、いたずらに時間がかかったり、必要ないところでエネルギーを使ったりなどの無駄が削ぎ落とされていきます。もちろん、電気やガス、水道といったエネルギーも同様に省力化できます。

なぜ私がここまで無駄を省くようにとお伝えするかというと、そこには一般家庭でもっともゴミが出る場所がキッチンだからという理由があります。毎日料理をしていればゴミが出るのは当然なのですが、問題は調理中に出る生ゴミだけではありません。戸棚などを総点検すればたちどころにわかるのですが、キッチンには余計なものがたくさん眠っています。来客用の食器やクリスマス用の飾り、正月用の重箱など、眠ってはいるものの使う時期がきちんとあるものは、まあいいでしょう。そうしたものではなく、いつ買ったのか、いつもらったのかわからないようなものがたくさん眠っているのがキッチンなのです。ノベルティでもらった皿や遠い昔に引き出物でもらったカップなど、いまとなっては使う気にならないようなものが、棚の奥にひっそりと押し込められているのは珍しい光景ではありません。食器だけでなく、景品でもらったり一〇〇円均一ショップで衝動買いしたキッチンでの仕事を楽にするという触れ込みの自称便利グッズも、あちこちにしまいこまれていたりします。

もし、キッチンがとても広くて収納場所もたっぷりあるなら、無駄なものがあってもご愛嬌かもしれません。しかし、ほとんどのキッチンは収納場所が少なく、棚や引き出しに無理に物を詰め込んでいるような状態になっているのではないでしょうか。探しものがあっても無駄なものが邪魔をしてなかなか見つからない、目当てのものを取り出すまでに時間がかかるというような事態に陥っていると、キッチン仕事の効率は上がりません。

ここには、物自体がすでに不用品、収納場所をふさいでいる、探す時間がかかるという三つの無駄があります。

しかし、だからといって処分してしまえばいいというわけではありません。パートナーに断りもなくものを捨てることは、即トラブルに繋がります。それを避けるためにはまず相談を……と言いたいところですが、「これ、使わないから捨ててもいい？」と聞いたところで承諾の返事が返ってくるとは限りません。「とっておいて」と返ってきて、「なんで？　全然使ってないでしょう」と答え、そして喧嘩に発展、という流れは誰しも経験があるはずです。無駄なものが多くてイライラするのも、処分する・しないでケンカに発展するのも、どちらも家庭に波風が立つばかりで平和が訪れません。

では、どうするべきか。

私がおすすめしたいのは、あまり使っていないものがあったら、家族の了解のもと、とりあえず段ボールにしまっておくことです。段ボールはしまいこまず、取り出しやすい場所に置いておき、そのまま三カ月ほど様子を見てください。この期間中、段ボールの中から取り出して使ったものがあったら、それは不用品ではなく今後も使うものなので、箱から出してしかるべき場所にしまっておきます。逆に、三カ月の間に一度も使わなかったもの、思い出しもしなかったものは「不用品」として処分していいものだと判断できます。これを定期的に繰り返していくと、不要なものが消え、より効率よく使いやすいキッチンに変わっていくことでしょう。

もう一つ、見落とすことのできないキッチンの無駄、もはや無駄製造機と言えるものこそが、冷蔵庫です。

冷蔵庫は食品を保存するために必要不可欠なものですが、ほとんどの家庭が詰め込みすぎの状態になっています。昨日食べたおかずの残りや使いかけの加工品、納豆などの買い置き品、びん詰め、飲み物などなどいろいろなものが入っているでしょうが、それらは一体食べ物なのでしょうか。もちろん、食品であることには間違いありません。しかし、食べないまま冷蔵庫に入れっぱなし、「いつか食べる」と言いつつその「いつか」が訪れないとなると、それらは食品でありながら食べ物ではない状態に成り果てていると言えます。こうした冷蔵庫は目的のものがなかなか出てこない、魔窟《まくつ》のような状態になっています。奥の方まで探していると、ずっと以前に買ったものが賞味期限ぎりぎりだったり切れていたりするありさまで出てくるのに、肝心のものが見つからない……。冷蔵庫がこの状態になっているということは、冷凍庫はさらにひどい状態になっていることでしょう。こうした経験があるなら、冷蔵庫・冷凍庫が食品保管庫ではなくゴミ箱に成り果てていると自覚してください。ぎっしりとものが詰め込まれた冷蔵庫は冷気の循環が悪く、しかも、なかなかものが見つからないため、冷蔵庫を開けている時間が長くなり、冷気がどんどん逃げて、冷蔵・冷凍の効率も落ちています。つまり、食品を無駄にしているだけでなく、電気も無駄にしているのです。

そもそも冷蔵庫も冷凍庫も、ぎっしりとものが入っている状態は使い方として誤り。ドアを開けたら中に入っているものがすべて見渡せる、味噌汁や煮物などが残っている時にはいつでも鍋ごと冷蔵庫にしまうことができるのが正しい状態なのです。つまり、スカスカの状態が本来あるべき姿だと認識を改めていただきたいと思います。私の冷蔵庫は一五八ページでご紹介した通りシステム化されているのですが、出張に行く時などは出発の日から逆算して中に入っているものを食べきるようにしています。使いきれなかった食材は冷凍しておくこともありますが、帰宅したら真っ先にそれらを使うようにし、凍ったまま眠らせておくことはありません。

冷蔵庫の電気を無駄にしないためには、開け閉めの回数を減らすことがもっとも効果的ですが、冷蔵庫に入っているものをふせんに書いて貼っておけば、無駄に開けることはなくなります。ささいな工夫ですが、その効果は必ず翌月の電気料金に現れてくるでしょう。お試しください。

料理上手にならなくてもいい

家庭料理のシステム化を勧めていると、よく「私は料理上手じゃないから……」などといって消極的になる人がいます。また、外食が多い人に自分で作ることをすすめると、「料理は苦手だから」と逃げ腰になる人もよくいます。こうした人に出会うたびに思うのは、果たして料理上手になる必要があるのか、ということです。

料理上手になるには、料理教室に通うなどして基礎からしっかり身につける必要がある――そんなふうに思ってはいないでしょうか。そして、料理教室に通う余裕は金銭的にも時間的にもないから、料理はしない、などと。だとしたら自分の母親のことを思い出してください、と私は言いたいのです。あなたのお母さまは料理教室に通っていましたかと。

もちろん、料理教室に通い、和洋中フレンチなんでもござれ、というお母さんもいたことでしょうし、そうした方を否定するつもりは毛頭ありません。でも、四〇代以上の人の母親のほとんどは料理教室とは無縁だったのではないでしょうか。結婚前に母や祖母に料理を習ったくらいで、誰かに本格的・正式なやり方を教わったわけでもないのに、毎日おいしいごはんを作っていました。家庭料理とは、そういうものだったと思うので す。たまにはテレビや新聞で見た料理を作って出してくれることもありましたが、毎日並ぶのは名前のない料理――関西でいう「野菜の炊いたん」はその代表格といえます――ばかりですが、どれもおいしかったのではないでしょうか。家庭料理とは、そういうものなのです。

料理は本来簡単なもの。それなのにやけにややこしいものになっているような気がしてなりません。テレビの料理番組も同様に、教える側はどこかのレストランや料亭で腕をふるうプロの料理人が多いように思えます。見事な技を見せてくれるのはショーとしてはおもしろいのですが、料理を作るにはこのくらいできなくては、と思わせているのではないでしょうか。そうしてやたらとハードルを高くした上で、やれこの道具を使わなければならない、これがあったほうがやりやすい、とさまざまなものをすすめてくる。そうかと思うと、面倒で手間がかかることができなくても大丈夫、これを入れればたちまちプロの味が完成！　といろいろな調味料を押し付けてくる……これはすでにそれらの商品の宣伝であり、策略だと思うのは考え過ぎでしょうか。

家庭料理で大事なことは、安全で必要な栄養が過不足なく摂れることと、毎日食べ続けられること。そこに必要なのは料理の腕前ではなく、正しい情報と効率よく無駄なく作るためのシステムです。

私がみなさんに教えているのは、料理の技術ではなく、家庭料理をいかにシステム化するかというノウハウです。もちろん、最低限の技術は必要です。包丁の握り方を知らなければ怪我をしかねません。その程度のことで、家庭料理はいつでも作り始めることができるのだということを、できるだけ多くの人、とくに男性に知ってほしいのです。

今の時代、レストランで出されるような料理も自分で作ることができるという情報はいつでも、容易に手に入ります。インターネットにはレシピ動画が溢れるほどあり、プロが作って見せているためいかにも簡単そうに映っているものも少なくありません。しかし、実際にやってみれば難しいし、できるようになるには時間がかかるテクニックもたくさんあります。

しかし、時間をかけるのはその部分でしょうか、と私は問いたいのです。そんなことよりも、たとえば自分やパートナーが生まれ育った地方にはどんな伝統料理があるのかを調べてみたり、その作り方を試してみたりするほうがよほど有益だと思います。

日本には世界的に見て、豊かな食文化が根付いています。家庭料理がこれほどバリエーションに富んでいて、しかも栄養バランスも優れている国はそうそうありません。そうした日本料理の素晴らしさの根拠はどこにあるのか、食べ慣れた野菜はどの国からやってきたのか、本来はどういうものだったのかを調べるのもいいでしょう。

そうしたことがわかってくると、料理をすることの意義も深まってくるでしょうし、興味や関心も湧いてきます。作ってみたい、食べてみたいという意欲も、プロの料理に憧れていた時とは違う、深みのあるものになるに違いありません。

家庭料理にテクニックはいらない

グルメ番組を見ていると、華麗なという表現がよく似合うような料理が登場することがあります。工芸品のような美しい大皿に料理をきれいに盛り付け、付け合わせの野菜には細かい飾り包丁が入れられ、仕上がりにシェフがおごそかに鮮やかな色合いのソースを回しかけ、そして評論家と名乗る人が芸術品だと感嘆の声を上げる……。それは、一人前で何万円もするようなレストランで供される料理です。そうかと思えば、素人が見てもわかるほど新鮮な魚が刀のような刺身包丁で切り分けられ、これまた素人目にも高額だとわかるような皿に並べられる……。これもまた、一食で何万円も飛ぶような高級料理です。

こうした料理は何十年もの修業を重ねた料理人の卓越した技術によるものであって、それはもちろん堪能に値するものです。しかし、それを目指す必要はどこにもありません。また、プロが開発した調理法を家庭で再現するのが流行っているようですが、それも一度立ち止まって考えてみてほしいのです。たとえば、生食が禁忌とされていた豚や鶏を半生で内側がピンク色の状態で供される低温調理法が話題ですが、これはまさにプロの技術と知識に裏付けられたもので、素人が見よう見まねで再現するものではありません。プロは肉の内部にいる菌が死滅する温度と時間を熟知し、それに則って調理をしているのです。が、ほとんどの場合、素人には同じことができず、家族を食中毒の危険にさらしてしまいます。

気を使うべきはプロのような華麗なテクニックではなく、たとえば調理前には手を清潔にする、肉と野菜では包丁とまな板を使い分けるなどの衛生管理です。それさえ徹底していれば、家庭料理にテクニックは不要なのです。

レストランのような料理を家庭で再現する必要はありませんが、だからといって盛り付けなどどうでもいいと言っているわけではありません。せっかく作った料理です。可能な範囲で美しく、食欲をそそるように盛り付けてみましょう。食器も高級なものを使う必要はありませんが、だからといってノベルティでもらったようなどうでもいい皿を使うのは、食卓をさびしくします。家族が気に入っているもの、好きなものを選び、使うことで家族の食卓はいっそう温かなものになります。

おしゃれな盛り付けとか高級そうな飾り付けとか、そういったものだけが料理を美しくするのではありません。一緒に食べる人を思いやる気持ちが、家庭料理をグレードアップさせてくれるのです。そうした料理を、日々作っていただきたいと思います。

第五章

実践編

さあ、厨房に入ろう！
「基本のお料理講座」

さて、いよいよ実践編です。ここまで学んできたことを、実践の場に移していくわけですが、気負いは禁物です。気合いを入れて、頑張るぞぉ、という姿勢は、一時はいいのですが、長続きはしません。最初の段階から虚心坦懐に、こだわりや、わだかまりを持たず、淡々とはじめましょう。

私たちは趣味で料理を作るのではなく、報酬こそありませんが、仕事として料理に取り組むのですから、プロらしい姿勢が求められます。報酬がないといっても、お金としての収入がないというだけで、お金に勝る、もっと大きな報酬が得られることは事実です。

そのお仕事の第一歩は道具ですが、まずは現在使っている道具があるのであれば、それを最大活用するようにしてください。徐々に熟達してくると、新しい道具に買い替えたくなったりしますが、その時が来たらお金を惜しむことなく、いいものを思い切って購入しましょう。いい道具は長持ちしますし、使いやすいし、だんだん愛着も湧くものです。結果的に、道具に飽きてすぐに買い換えるということもなく、長い目で見ると経済的であることは経験的にわかっていることですので、ぜひそうなさってください。

次に大切なのは、料理をする時の姿勢です。まな板に対して真正面に立ち、重心を真ん中におきます。この姿勢が、最も疲れないのです。よく片側に重心をおき、まな板に対してななめに立って料理をしている人を見ますが、すぐに疲れてしまうと思います。

そして、包丁は利き手で持って、だいたい四五度の角度に構えて食材を切るようにしてください。慣れてくるとよくわかるのですが、この角度が最も切りやすいのです。食材を切る時は、力で切るのではなく、包丁をすべらせるように使うのがコツです。切る速さを競う必要などありません。速度は何度もやっているうちに、否が応でも速くなっていくものです。あせる必要もありません。ある日、ふと気がついたら、自分がこんなに速く食材を切っている、というようなことが理想です。

この本でこれからご紹介する料理は、特別なテクニックは必要としません。ですが、後々、料理に熟達していった時に、ここまでお話しした基本ができていると、展開はまったく違ってきます。

細かいことはほかにもありますが、とりあえずここまで書いたことを守ってやりはじめてください。

ご飯を炊こう

材料

三分づき米……三合弱（420g）
ロールドオート……20g
アマランス……10g
水……500cc

作り方

❶ 三分づき米を研ぐ。
❷ すべての材料を炊飯器に入れ、ご飯を炊く。

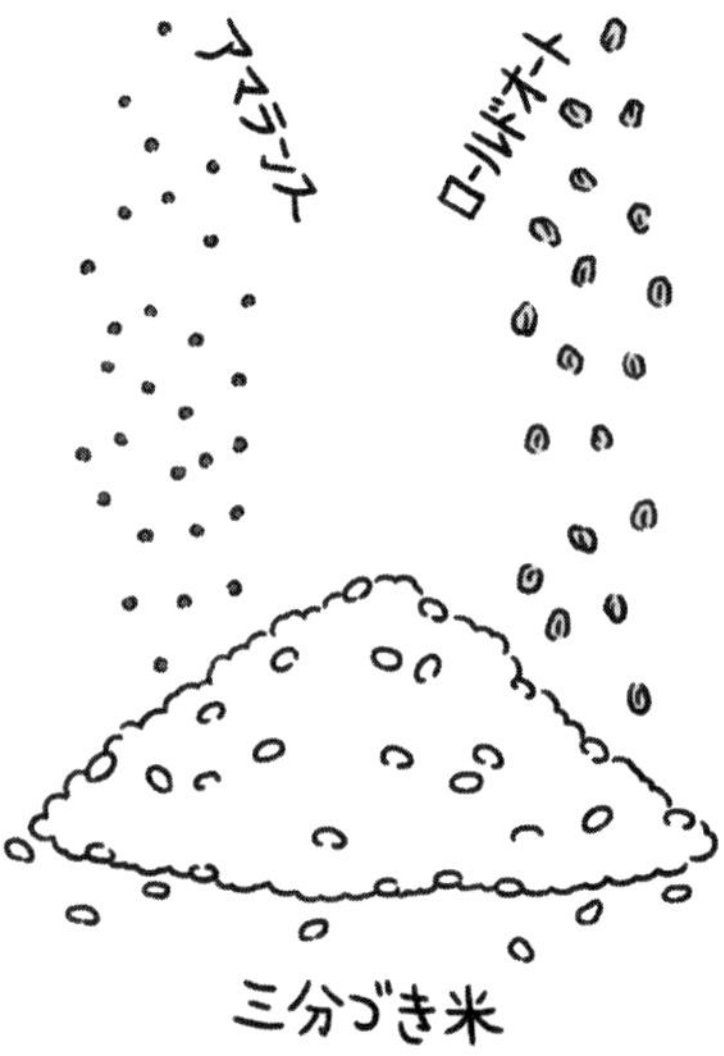

アマランスは軽いので、炊き上がった時に炊飯器の蓋にくっつくことがありますから、炊く前によくかきまぜて、アマランスを水の中に沈ませることを忘れずに。

ロールドオート（オートミールの一種）もアマランスも、オーガニックのものであれば、洗う必要はありませんが、洗う場合には目の細かいザルや、茶漉《こ》しなどを使って漉すとよいでしょう。

お米は白米ではなく、できれば三分づき米が理想的です。最近は性能が良くて安価な精米機も売られているので、それを購入してご飯を炊くたびに精米できるといいですね。スーパーなどでも精米機を備えているところもあるし、お米屋さんに頼めば三分づき米にしてくれます。

ロールドオートを加えるのは水溶性の食物繊維を摂るため。アマランスを加えるのはミネラル分を摂るためです。

このご飯を食べれば、それだけでかなりの栄養素を摂取することができるので、全体的な手間が省けるのと、ほかに食べるものの量が少なくてすみます。

一カ月単位でそのことを考えると、非常に大きな差になることがおわかりいただけると思います。

水加減は平均的な硬さで、ご飯が炊き上がる分量を示しました。ご飯の硬さは好みもありますし、米自体の乾燥度合いによっても、若干変わります。そのあたりは炊いてみて、ベストの水加減を探してください。ちなみに白米は、米1に対して、水1、つまり同量の米と水で炊くのが基本です。要するに1カップの米だったら、同じ1カップの水ということですね。それに対して三分づき米は、米1に対して、水1・1〜1・2といわれています。

これまで白米を食べてこられた方は、最初は三分づきのご飯に抵抗があるかもしれませんが、要は慣れです。食べ慣れてくると、三分づきのご飯のほうがおいしく感じるようになります。それは栄養素の密度が濃いからです。体に必要なものを含んでいるものは、おいしく感じるように、私たちの体は作られています。

味噌汁を作ろう

材　料

タマネギ、ジャガイモ、ニンジン、ゴボウ、レンコンなどの野菜類……………………… 合わせて１kg程度
昆布2cm×２cmにカットしたもの……………25枚程度
味噌 ………………………………………一人分につき大さじ１

作り方

❶ 野菜類は、食べやすい大きさ（小さめの一口大）にカットしておく。ショウガは、千切りにする。
❷ すべての材料を鍋に入れ、ひたひたになるくらいに水を加えて中火にかける。
❸ 沸騰したら弱火にして、10分煮る。
❹ ③の野菜と煮汁を、その日に使う分を残し、あとは粗熱をとる。
❺ ④の粗熱をとった野菜と煮汁を保存容器に移し、冷蔵庫に保存する。
❻ ④で、残したその日に使う分の野菜と煮汁に適量の水を加え、再度加熱し、沸騰したら味噌を加えて火を止め、2〜3分おいたら出来上がり。

全体の分量は、あくまでも目安と思ってください。各家庭の諸事情に合わせて分量を変えてくださってけっこうです。

水の量は、少なめに設定してあるので、味噌汁を作る時などに適宜、水またはお湯を適量加えてください。

❹までの工程は、味噌汁用の野菜をまとめて煮ておく、ということです。レシピに載せた野菜は、一例にすぎません。季節によっても、またそれぞれのご家庭の事情によっても、野菜の種類は変わることと思います。大根、カブ、小松菜、チンゲン菜、

キャベツ、白菜、長ネギ、ニラ、などなどその時にある野菜を使い、使い切れないと思われる野菜は多めに加えてくださってかまいません。また、キノコ類もあれば入れてください。味も栄養価もぐんと上がります。

❺で保存した野菜と煮汁は、何回かに分けて味噌汁の具材として使ったり、お蕎麦やうどんを食べる時に具材として使えます。煮魚を作る時に加えてくださってもいいです。また、後日汁物を作る時に、豚肉や鶏肉、牛肉などを加えてもおいしくいただけますし、お魚の切り身や、いりこ、ちりめんじゃこ、干しエビや、他のお野菜を加えてもいいと思います。その都度、ほかに食べる物との相性、バランスなどを考慮してください。一、二種類別の野菜が加わることで、違った雰囲気になりますし、味ももちろん変わりますので、その変化も楽しんでいただけるといいですね。

味噌の濃さは好みもありますので、ご自分の、またご家族の方々のお好みに応じて、量を変えていただきたいのと、お味噌によって塩分も違いますので、ベストのお味を見つけていただきたいと思います。

漬物を作ろう（塩漬け）

材　料

キャベツ（または白菜）…………………………3～4枚
キュウリ…………………………………………………1本
大根…………………………………………………5㎝分
ニンジン……………………………………………中½本
ショウガ・干しエビ・昆布……………………………10g
塩…………………………………………………大さじ1
はちみつ（非加熱のものを好みで）…………………適量

作り方

●**下準備**

キャベツの葉の部分は1×4㎝の短冊切り、芯の部分は繊維にそって薄切りにする。
キュウリは縦半分に割ってから、斜め薄切りにする。
大根・ニンジンは1×4㎝の薄い短冊切りに、ショウガは千切りにする。

❶ 野菜をすべて合わせ、塩をまんべんなくふり、よくかきまぜて、30分ほどおく。
❷ ①の水気をきつく絞ってから、ショウガ・干しエビ・細く切った昆布を加えて、漬物容器などに入れ、重石をして保存する（ファスナー付きの保存袋などで保存してもよい）。
❸ 塩がなじむまで一晩つける。

　この料理も野菜の量は、あくまでも目安です。たくさん作って、保存してもいいですし、少なめに作って食べ切ってしまってもいいでしょう。

　キャベツと白菜は両方入れてもかまいません。

　野菜はレシピに載せたもの以外にも、かぶ、ズッキーニ、セロリ、パプリカピーマン（赤・黄）などを加えてもよいと思います。野菜の種類によって趣きが変わりますが、それもまた楽しみのうちですね。

　一時間ほどおいてから、サラダ感覚で食べられます。

冷蔵庫で四～五日は保存可能。二日目からは、塩がなじんで、味がまろやかになり、どんどんおいしくなっていくのが実感できることと思います。

干しエビの代わりにいりこを使ってもおいしくできますよ。

お子様に食べさせたい時は、はちみつを少量加えると甘みが加わり、お子様もよく食べてくれると思います。ただし、一歳未満の乳児ははちみつを食べることで、乳児ボツリヌス症にかかるリスクがあるので注意してください。

召し上がる時に、おしょうゆを加えたり、アマニ油を加えたり、ごま油を加えるのもおいしい食べ方です。小鉢などに盛り付けてから、上から回しかけるだけでいいと思います。

スープを作ろう

材　料

ニンニク……1片
タマネギ……中1個
ニンジン・ズッキーニ……中1本
セロリ……1本
パプリカピーマン……中4個
オリーブオイル……大さじ2
塩・こしょう、水……適量

作り方

❶ ニンニクはみじん切り、その他の野菜類は1cm角程度の大きさにカットする。
❷ 鍋にオリーブオイルを熱し、ニンニクをこがさないように炒める。
❸ ②にタマネギを加えて中火で（3分くらい）炒め、透明感が出てきたら、ニンジンとセロリを加えてさらに炒める。
❹ ニンジンとセロリに半分ほど火が通ったら、ズッキーニとパプリカを加え、これまた半分ほど火が通ったら、ひたひたになる程度に水を加え、中火のまま沸騰させる。
❺ 沸騰したら弱火にして、適量の塩・こしょうで調味し、10分加熱したら出来上がり（もしアクが浮いてきたらていねいにすくいとる）。

野菜の量は、例によって適当です。たくさん作って保存しておくと便利です。

ベイリーフ（月桂樹の葉）、ローズマリー、バジル、オレガノ、タイムなどのハーブ類や、セロリの葉、パセリの軸、ニンジンの葉などの香味野菜を加える場合は、④で水を加えた段階で入れ、少し加熱時間を長くして、ハーブや香味野菜のエキスが出るまで煮るといいでしょう。

出来上がったものから、その日に食べる分を除いて、あとは冷め

てから保存容器などに入れて保存しておくことが重要です。あまり汁気がない状態で仕上がっていますので、適宜水を足してスープとして召し上がってください。温めるだけで、おいしいスープが出来上がるのは、ほんとうにありがたいことだと実感できるでしょう。

再度温めて食べる場合は、ベーコンやナッツ、鶏肉やエビ、貝類などを加えてスープをリメイクしてもいいですし、温めながら卵を割り落としてポーチドエッグのようにしてもおいしくいただけます。トマトソースと合わせてかるく煮込んで、ラタトゥイユを作ってもいいでしょう。

この料理をベースにして、パスタも作れます。パスタはなんでもいいのですが、パスタの種類の一つにオレキエッティという小さな耳たぶ型のショートパスタがありまして、これで作ると格別においしいパスタ料理が作れます。要は、この汁気少なめのスープの素にゆでたパスタを加えるだけです。仕上げとして、パスタのゆで汁と、オリーブオイルを加えて、オリーブオイルが乳化するくらいまで攪拌《かくはん》すると格段においしく仕上がります。

パスタ料理を作ろう（トマトソース）

材　料

トマト水煮缶……………………………………………4缶
赤ワイン……………………………………………40mℓ
ハーブ類……………………………………………適量

作り方

❶　トマト水煮缶のトマトを鍋に入れ、ハーブと赤ワインを加えて沸騰するまでは中火で、沸騰した後は弱火にして、鍋の蓋をしないで、半分量になるまで煮詰める。
❷　ハーブ類を取り出して、出来上がり。

ハーブ類は、ベイリーフ（月桂樹の葉）・パセリの軸・セロリの葉・ドライのバジル・オレガノ・タイム・タラゴンなどがよく合います。

ニンニク、ショウガのみじん切り、タカノツメなどを加えるのもよいでしょう。その場合は、最初にニンニク、ショウガのみじん切りと、タカノツメをオリーブオイルでこがさないように炒めてから、トマトの水煮缶を加える。そこからの工程は同じです。

ゆであげたパスタ（スパゲッティなどのロングパスタでも、マカロニなどのショートパスタでもＯＫ）に、このトマトソースをかけただけの、シンプルなパスタ料理はとてもおいしくて、イタリアの人たちが大好きなパスタ料理の一つです。

先に好みの野菜（タマネギ、ナス、ピーマン、パプリカピーマン、ズッキーニなどなんでもよい）を炒めておいて、そこにこのトマトソースを加え、ゆであげたパスタを加熱しながら和えるのもたいへんおいしいです。そこに、アクセントとしてアンチョビや、エビや、アサリなどの魚介類を加えるのもとてもおいしいです。

トマトソースは多めに作って、一回分の量に小分けにして冷蔵、または冷凍で保存しておくととても便利で、いろいろな料理に使えます。

サラダを作ろう

材料

レタス、キュウリ、タマネギ、トマト、 クレソン、ルッコラ、ゆでたブロッコリー、カリフラワー、グリーンアスパラ、ジャガイモ、カボチャなど
……………………………………………………… 各適量
オリーブオイル、ビネガー（酢）、塩・コショウ
………………………………………………………各適量

作り方

❶ 野菜類は、食べやすい大きさにしたものを、お皿に盛り付けておく。
❷ オリーブオイルと、ビネガーを1：1の割合で混ぜ、ホイッパーなどでよく攪拌して、オリーブオイルを乳化させる。
❸ ②にお好みで、塩・コショウを加えかるく攪拌する。

野菜類の量については、その日の体調によっても食べたい量が違いますし、ご家族の人数によっても違いますので、適量としました。

また、ドレッシングも、多めに作っておくこともできますので、これまた適量です。ただし、オイル（オリーブオイルとは限らない）と、ビネガーが一対一、つまり半々である、というのが基本です。塩とコショウは、ほかのお料理とのバランスもありますので、お好みで入れてください。入れなくても、十分においしいです。

また、この基本のドレッシングは、いろいろとアレンジして別のドレッシングを作ることもできます。

一例として、加えるとおいしい食材を書き記しておきます。

・タマネギのすりおろし
・ニンジンのすりおろし
・ニンニクのすりおろし
・ショウガのすりおろし
・キュウリのすりおろし

・パセリのみじん切り
・セロリの葉のみじん切り
・トマトのみじん切り
・オクラのみじん切り
・パプリカピーマンのみじん切り
・長ネギのみじん切り
・ニラのみじん切り
・五香粉（中華の調味料）
・ガラムマサラ（インドの調味料）
・エルブドプロヴァンス（フランスの調味料）
・しょうゆ

・ごま油
・ナンプラー
・オイスターソース
などです。これらはそれぞれ単体を加えてもおいしいのですが、いくつかの食材を合わせてドレッシングを作ると、新たなおいしさを発見できると思います。

条件としては、オイルとビネガーは、ある程度の金額を出してでも、きちんとした製法のものをお選びになることです。おいしいオイルと、ビネガーで作ったドレッシングは、余計なことをしなくても、それだけでおいしいわけです。

このドレッシングは、盛り付けた上からかけて召し上がってもいいのですが、お野菜を取り分けてから各自が好みの量をかけてもいいでしょう。また、先にお野菜をドレッシングで和えてから盛り付ける方法もあります。その時々に応じて、お好みの作り方、食べ方が可能です。

野菜炒めを作ろう

材料

ニンニク、ニンジン、長ネギ、白菜、小松菜、
ニラ、しめじなど……………………………………各適量
オリーブオイル、塩…………………………………各適量
じゃこ（または桜エビ・アミエビなど好みで）………適量
ごま油（好みで）……………………………………各適量

作り方

❶ 野菜は基本的に、食べやすい大きさにカットする。白菜や、小松菜は茎と葉に切り分けておく。ニンジンは、薄い短冊切りにする。

❷ 野菜を、比較的熱が通りにくい、ニンジン、白菜と小松菜の茎の部分、長ネギのグループ（Aグループ）と、すぐに熱が通る葉の部分と、ニラ、しめじのグループ（Bグループ）に分けて、Aグループの野菜に適量の塩（野菜の全量の0.5%程度の塩分）をふって軽くかきまぜておく。

❸ フライパンにオリーブオイルと、薄切りにしたニンニクを入れ、好みでじゃこや桜海老などを加え中火で加熱して香り出しする（こがさないように注意すること）。

❹ ③にAグループを加えて炒め、野菜がしんなりしたら、続けてBグループを加えて炒める。

❺ 火をとめて、オリーブオイル、または、ごま油を回しかけて仕上げる。

野菜の量を適量、としているのは、ほかに召し上がるものとのバランスによって、また食べる人数によっても、また、どれくらい召し上がりたいかによっても違いがあるので、適量としました。

一つの目安として、野菜の量は、調理をする前の段階で、使うフライパンの七割から八割くらいが、調理しやすくていいのではないかと思います。それ以上の量だと、野菜をまぜるのに手間取ってしまい、

加熱しすぎておいしく仕上がらないからです。

仕上げにオイルを回しかけてかきまぜるのは、オイルでコーティングすることで、野菜の水分が外に出ないようにするためです。この工程を加えることで、野菜炒めが水っぽくならず、おいしく仕上がります。

野菜炒めは、火をとめた後も、野菜に余熱が加わって加熱がすすみますので、ちょっとかたいかな、くらいの状態で火をとめてちょうどいい具合に仕上がります。

塩分は、調理する前にAグループにふった塩だけですので、仕上げのところ（❺で火をとめる前）で味見をして、塩味が足りなければ足してください。その時に、塩ではなく、しょうゆか、オイスターソースを加えてもよいでしょう。

塩とオリーブオイルだけで作るのが、最もシンプルな味付けですが、しょうゆやオイスターソースを使って、仕上げにごま油というバージョンだと、いきなり中華っぽい仕上がりになります。また、ナンプラーを加えるとエスニック風の仕上がりになります。その日の気分で、お好みのバージョンを作ってみてください。

煮魚を作ろう

材料

魚……1尾
酒……75mℓ
しょうゆ……大さじ1強
（酒としょうゆの量は、25㎝くらいの一匹丸ごとの魚を想定しています）

作り方

❶ 鍋に酒と魚を入れて加熱する。
❷ 魚に七、八分程度火が通ったら、しょうゆを全体に回しかける。
❸ 時々、煮汁をかけながら加熱して、魚に火が通ったら、魚を取り出して器に移す。
❹ 鍋に残った煮汁を中火にして煮詰める。
❺ ④の煮汁を盛り付けた魚の上にかけて出来上がり。

魚は、一匹丸ごとだと骨などからエキスが出ておいしいのですが、手に入らない時は、切り身でもいいと思います。

魚は、メバル、カサゴ、黒ムツ、ノドグロ、イサキなどがおいしくいただけると思います。

この作り方は、基本的にはフライパンなどの薄型の調理器具でいいのですが、蓋をしたまま加熱することを原則としています。理想的にはステンレスの多層構造鍋（ビタクラフトのようなタイプの調理器具）だと、うまく作れます。蓋をして加熱することで、上下から均等に加熱できるので、調理時間が短くてすみます。

魚の厚さが、3㎝程度までであれば、約10分の加熱で、中まで火が通ります。切り身だったら、分厚いものでも、せいぜい6分から、7分程度の加熱でいいと思います。

魚といっしょに、好みでショウガ（薄切りにしたもの）、長ネギ（ぶつ切り）、タマネギ（くし切り）、ジャガイモ（乱切り）、サトイモ（乱切り）などの野菜を入れてもおいしいし、わかめなどの海藻類を加えるのもよいでしょう。また、ストックしてある味噌汁用の具材をいっしょに煮てもいいと思います。

加熱が必要な野菜類は❶の段階で加え、味付け後、火が通ったところでとりだす。海藻類は❸の段階で加え、味付け後すぐにとりだすといいでしょう。

切り身のお魚でも十分においしいのですが、新鮮な一匹丸ごとのお魚で作る煮魚は、感動的なおいしさです。

和食の料理書などには煮魚の、手の込んだ、難しい作り方が書いてあるので、敬遠していた方もいるかと思いますが、この作り方であれば誰にでも作れて、しかも想像以上のおいしさを味わえます。

おわりに

人間は習慣の動物です。だからこそ、普段自分がやっていることが基本・スタンダードになります。それは、味覚も同じ。いつも食べているもの、その味が自分にとってのスタンダードになっていきます。

いわゆる「おふくろの味」とは、まさにそのことです。

日常の食事で、グルソ（グルタミン酸ナトリウム）をたっぷり使ったものを食べていれば、それがその人にとってのいつもの味、安心できる味になってしまいます。

そのような習慣が間違っているとかいないとか、言ってみたところで何も始まらないし、栄養学的にどうのこうのと言ってみても虚しいばかり……それが現実となってしまいました。

無意識的な、なにげない選択が地球の、人類の、日本の、あなたの子孫の未来を決定していることに気づいていただきたい、そう思います。

私たちの生き方は、私たちだけで完結するものではありません。のちの世の人々の生き方をも決めてしまいます。今の私たちの食生活における選択が、のちの世の人々の選択肢を奪っていることを、どうか知ってください。私たちは今、必要以上に食べ物を手に入れ、そして無駄にしている状態です。それが世界に、未来にどのような影響を及ぼすか、そろそろ気づかなければなりません。私たちはこれ以上むさぼってはいけないのです。

本書で私は食べ物が戦略物資であるという現実を指摘しました。悲しいことに、それが世界の現実となっています。しかし、それは私たち日本人にそぐわない考え方ではないでしょうか。私は、食べもののことで争いごとをしてはならないと思っています。それは、人間として最低の行為としか見えないのです。これは宗教的な意味で言っているのではありません。いわば、それが摂理、生きていくためのルールなのです。

自分に必要なものは引き寄せてもいいが、使いきれない、あるいは不必要なものまで引き寄せてはいけません。なにも私は質素に生きようという提案をしているのではありません。過剰に求めなくていいということを、どうかわかってほしいのです。

本書は一人でも多くの男性に厨房に入ってほしい、生きていく上で一番大切な〝食〟にかかわり始めてほしいという一心で書き上げました。

高級食材をふんだんに使い、時間をたっぷりかけて見事な料理を作り、食べたあとのことは人任せというような、そういった趣味の料理の話は一切していません。

この厳しい時代に家族の命と健康を守るため、そして特別なことではなく、日常のこととしての料理を、今こそ始めてもらいたいのです。

たとえば、もしある日の買い物でいい厚揚げを見つけてそれを買ったら、まずその日は半分に切ってさっと焼いて食べる。そして次の日は作り置きしておいた出汁で煮ればちょっとした箸休めになるし、そこにゆでて保存しておいたインゲンや、オクラなどを飾れば立派な一品になります。このように、実は料理はとても簡単です。

それにもかかわらず、料理することを「めんどくさい」と思ってしまう、それ自体がすでに不健康な状態なのです。本書をきっかけに、ぜひこのことに気づいてほしいと思います。

家庭は家族というメンバーが集まって創り上げた共同体であり、社会です。

ここで起きた変化はごく小さなものかもしれません。しかし、そのささやかな変化がやがて大きな流れとなり、うねりとなり、もっと大きな社会、つまり地域共同体を、国を、世界を変えていくのだと私は信じています。

だからこそ、食を女性だけに任せている場合ではありません。

未来を変えていく責務を、いまこそ男も背負うべきだと考えるのです。

本書を読んだ一人でも多くの方が、よし、と立ち上がり、食材の買い出しに行き、厨房で包丁を握り、料理を作り、家族に食べさせ、食事が終わったら後片付けをするようになったとしたら、これほど嬉しいことはありません。


本書があなたの食を、生活を、人生を変えていくことを、願ってやみません。

二〇二二年一〇月吉日

南　清貴

本書をお読みくださった方に、
最初の一歩を踏み出していただくための
「プレゼント」を用意しました。

- 私（南清貴）のインタビュー記事&レシピ
「うまい料理の法則」
- クッキング実践編動画
- メイン食材から8つの料理に展開するワークシート

順番にお読みいただき、ご覧になって、
お料理の土台を作り上げていただけたら幸いです。

プレゼントの受け取り方法

①右記のQRコードを読み取って、メールアドレスを入力し、お申込みください。

②自動返信メールが届きますので、記載事項をお読みいただき、「男子厨房」というキーワードを入力してプレゼントを受け取ってください。

男子厨房に入るべし
料理を始めると劇的に人生が変わります

２０２２年11月5日　初版発行

著者　南　清貴

南　清貴（みなみ・きよたか）
フードプロデューサー、一般社団法人日本オーガニックレストラン協会代表理事。舞台演出の勉強の一環として整体を学んだことがきっかけで、体と食の関係の重要さに気づき、栄養学を学ぶ。１９９５年、東京の渋谷区代々木上原にオーガニックレストランの草分け「キヨズキッチン」を開業。全国のレストラン、カフェ、デリカテッセンなどの業態開発、企業内社員食堂や、クリニック、ホテル、スパなどのフードメニュー開発、講演活動などに力を注ぐ。最新の栄養学を料理の中心に据え、自然食やマクロビオティックとは一線を画した新しいタイプの創作料理を考案・提供し、業界やマスコミからも注目を浴びる。２０１４年より「家庭料理のシステム化」というキーワードを打ち立て、主宰する日本オーガニックレストラン協会を中心にセミナー・講座を多数開催している。著書に『じつは怖い外食』（ワニブックス【ＰＬＵＳ】新書）など。

発行者　佐藤俊彦
発行所　株式会社ワニ・プラス
〒１５０-８４８２
東京都渋谷区恵比寿４-４-９　えびす大黒ビル７Ｆ
電話　０３-５４４９-２１７１（編集）

発売元　株式会社ワニブックス
〒１５０-８４８２
東京都渋谷区恵比寿４-４-９　えびす大黒ビル
電話　０３-５４４９-２７１１（代表）

装丁　橘田浩志（アティック）
柏原宗績
イラスト　南　景太
編集協力　堀田康子
ＤＴＰ　株式会社ビュロー平林
印刷・製本所　大日本印刷株式会社

ISBN 978-4-8470-6199-8
ワニブックスHP　https://www.wani.co.jp